Inhalt

2 In der Schule
2 Schulsachen
3 Am ersten Tag
4 Namen für Menschen, Pflanzen, Tiere und Dinge
5 Die Begleiter
6 Einzahl und Mehrzahl
7 Selbstlaute
8 Umlaute und Zwielaute
9 Silben

10 Im Herbst
10 Wie etwas ist
11 Eigenschaftswörter
12 Fragen und Antworten
13 Das Eichhörnchen
14 Das ABC
15 Wörter ordnen
16–17 Bist du fit?

18 Miteinander leben
18 Was wir tun
19 Kindergeburtstag feiern
20 Wortstamm und Endung
21 Wörter mit V/v
22 Ähnlich klingende Mitlaute
23 Wörter verlängern

24 Märchenzeit
24 Märchen erraten
25 Märchen-Steckbriefe
26 Aufforderungen
27 Wörter mit d und t am Wortende
28–29 Bist du fit?

30 Im Winter
30 Wörter zusammensetzen
31 Wortfamilien
32 Lange und kurze Selbstlaute
33 Verwandte Wörter

34 Das tut mir gut
34 Was Freunde machen
35 Briefe schreiben
36 Wörter mit Sp/sp und St/st am Wortanfang

37 Wörter mit ch und sch
38–39 Bist du fit?

40 Im Frühling
40 Den Frühling entdecken
41 Wortbausteine
42 Wörter mit ng
43 Mitlaute nach kurzem Selbstlaut

44 Mit Tieren leben
44 Tierrätsel
45 Die kleinen Ziegen
46 Wörter mit tz
47 Wörter mit doppelten Mitlauten
48–49 Bist du fit?

50 Bei uns und anderswo
50 Fremde Sprachen verstehen
51 Die Grundschule in Japan
52 Wörter mit s
53 Wörter mit au und äu

54 In der Bibliothek
54 Bücher entdecken
55 Lesezeit
56 Wörter mit t
57 Wörter mit ß
58–59 Bist du fit?

60 Unheimliches und Spannendes
60 Flaschenpost
61 Wörter mit nk
62 Wörter mit aa, ee, oo
63 Wörter mit ie

64 Im Sommer
64 Am See
65 Post aus dem Urlaub
66 Wörter mit hl, hm, hn, hr
67 Wochentage, Monate und Jahreszeiten
68–69 Bist du fit?

70–79 Ich übe Schreibschrift

In der Schule

Schulsachen

1 Lies und spure nach!

Buch

Heft
Heft

Lineal
Lineal

Füller
Füller

2 Schreibe die Wörter ab!

Buch | H
L | F

3 Was gehört nicht hinein? Streiche es durch!

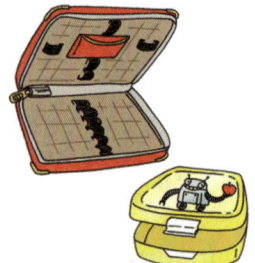

Stift • Füller • Schere • ~~Tisch~~

Milch • Chips • Brot • Apfel

Hose • Schuhe • Lineal • Shirt

 Was ist in deiner Federtasche?

Am ersten Tag

1 Was siehst du? Kreuze an!

X Die Kinder sind wieder in der Schule.

☐ Die Lehrerin schreibt an die Tafel.

☐ Hund und Detektiv kommen in die Klasse.

☐ Die Kinder essen.

2 Wer sind eure neuen Freunde? Spure nach!

⭐ Blättere im Arbeitsheft!
Wie oft findest du den Hund im Kapitel 1?

Namen für Menschen, Pflanzen, Tiere und Dinge

1 Was gehört zusammen? Verbinde!

Kind   Oma

Maus   Baum

Blume   Katze

Auto   Puppe

2 Ordne die Namenwörter (Nomen)!
Markiere den großen Anfangsbuchstaben!

Markiere so:
Kind

Menschen

Kind

Tiere

Pflanzen

Dinge

 Finde weitere Namen!

Anna

Tom

Die Begleiter

1 Verbinde richtig!

In der Turnhalle

Der <u>Lehrer</u> schaut auf die Uhr.
Die <u>Stunde</u> beginnt.

Tom sucht noch die <u>Hose</u>
und das <u>Hemd</u>.

Alle warten auf das <u>Spiel</u>.
In der Mitte liegt der <u>Ball</u>.

2 Ordne die unterstrichenen Namenwörter (Nomen)!

der	die	das
Lehrer		

3 Verbinde die Namenwörter (Nomen) mit dem Begleiter (Artikel)!

Tasche   Ball   Spiel

ein   eine

Schuh   Bein   Uhr

⭐ Schreibe dein Lieblingsspielzeug mit dem Begleiter (Artikel) auf!

Einzahl und Mehrzahl

1 Was gehört zusammen?
Verbinde!

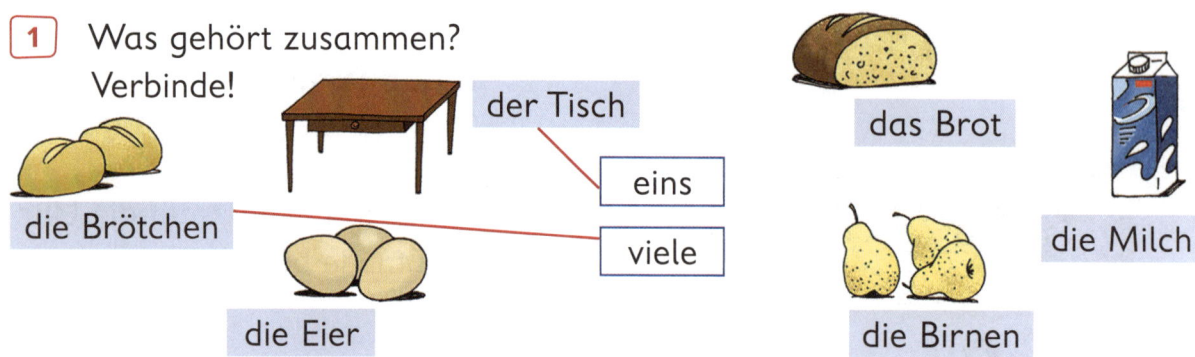

der Tisch

eins

viele

die Brötchen

die Eier

das Brot

die Milch

die Birnen

2 Schreibe die Namenwörter (Nomen) mit den Begleitern (Artikeln) auf!

Einzahl:
(drei Wörter) ▸ der Tisch

▸

Mehrzahl:
(drei Wörter) ▸ die Brötchen

▸

3 Schreibe die Wörter in der Einzahl auf!

Mehrzahl

die Gläser

die Gurken

die Messer

die Salate

Einzahl

das Glas

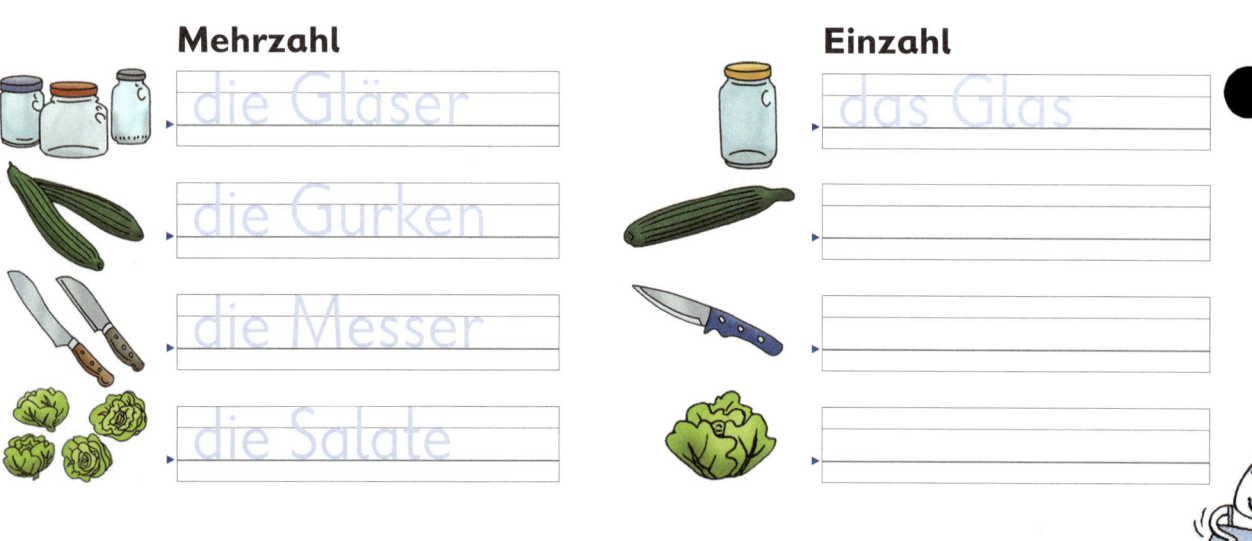

⭐ Finde Namenwörter (Nomen), die es nur in der Einzahl gibt!
das Obst, …

Schau ins
Wörterbuch.

Selbstlaute

1 Ergänze die fehlenden Buchstaben im Abc!
Markiere die Selbstlaute rot!

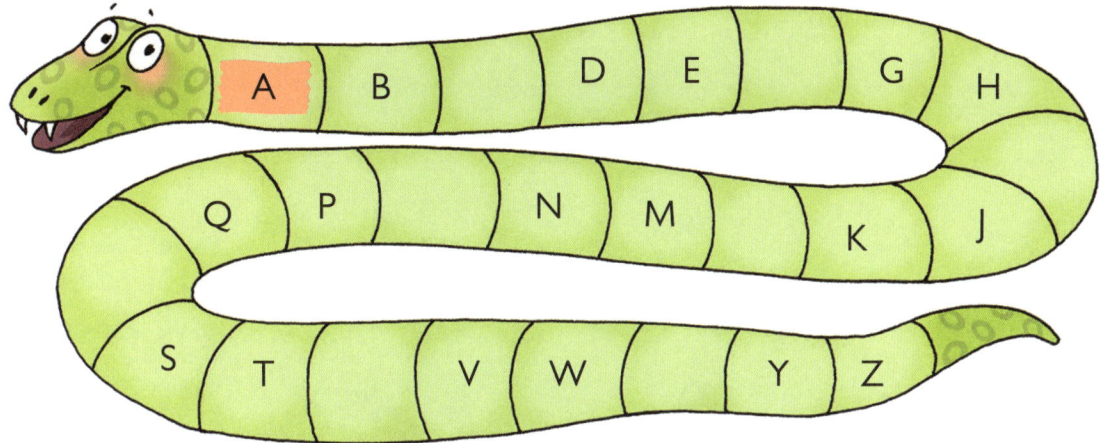

2 Setze die fehlenden Selbstlaute ein!

das K i nd   der V __ gel   der __ l __ f __ nt

die __ hr   der S __ ft   der St __ ft

3 Verändere den Selbstlaut!

das Gold ⟶ e ⟶ das Geld

der Bach ⟶ u ⟶ das

die Hose ⟶ a ⟶ der

die Nadel ⟶ u ⟶ die

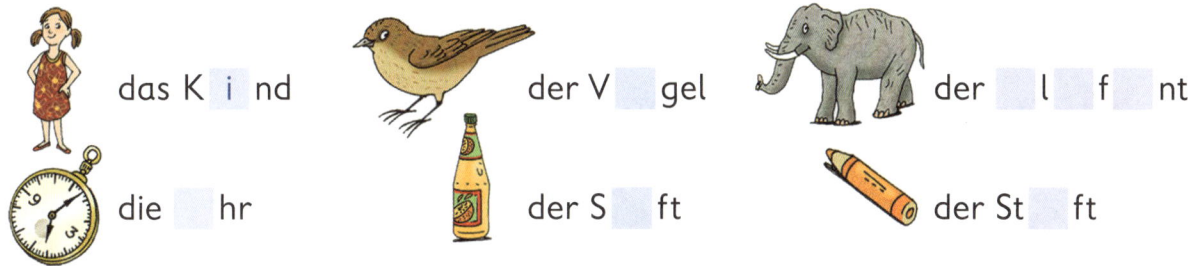

⭐ Sammle Wörter mit zwei Selbstlauten!

die Nase, ...

Umlaute und Zwielaute

1 Schreibe die Wörter mit Umlaut auf!

Umlaut
ä ö ü

M **ä** dchen   h ☐ ren   R ☐ cken

Mädchen

2 Setze den Zwielaut ein!

Zwielaut
au eu ei

R **au** pe   ☐ le   Kl ☐ d

3 Wo hörst du Zwielaute? Wo hörst du Umlaute?
Schreibe die Wörter geordnet auf!

das Eis   der Löwe   der Baum   die Tür   der Euro   der Bär

Wörter mit Zwielauten:
(drei Wörter)

das Eis

Wörter mit Umlauten:
(drei Wörter)

der Löwe

  Sammle Wörter mit **ei**, **au** und **eu**!

Silben

1 Lies die Wörter!
Setze Silbenbögen darunter!

▸ die Kreide   ▸ die Buntstifte   ▸ die Schere

▸ die Tafel   ▸ der Kleber   ▸ das Lineal

2 Schreibe die Wörter ab!

zwei Silben:
(vier Wörter) ▸ die Kreide

▸

drei Silben:
(zwei Wörter) ▸

▸

3 Verbinde! Schreibe die Wörter auf!

die Krei   fel   ▸ die Kreide

die Schu   de   ▸

die Ta   le   ▸

★ Suche Wörter mit vielen Silben!

Schultasche, …

Im Herbst

Wie etwas ist

1 Wie ist die Kastanie? Verbinde!

rund   braun

eckig   saftig

grün      lila

hart   glatt

2 Setze die Eigenschaftswörter (Adjektive) ein!

▸ Die Kastanie ist glatt und _____ .

▸ Sie ist auch _____ und _____ .

3 Wie heißen die Gegensätze? Setze die Wörter ein!

| groß | dunkel | kalt | schwarz |

Was nicht **klein** ist, das ist ▸ groß _____ .

Was nicht **hell** ist, das ist ▸ _____ .

Was nicht **heiß** ist, das ist ▸ _____ .

Was nicht **weiß** ist, das ist ▸ _____ .

⭐ Schreibe auf, welche Farben ein Apfel haben kann!

Eigenschaftswörter

1 Wie ist es?
Streiche das falsche Wort durch!

| ~~hart~~ | weich | laut | bunt |
| grün | groß | nass | leise |

2 Schreibe so!

Das Blatt ist ⟶ grün .   das ⟶ grüne Blatt

Der Baum ist ⟶ _____ .   der ⟶ _____ Baum

Das Gras ist ⟶ _____ .   das ⟶ _____ Gras

Der Drachen ist ⟶ _____ .   der ⟶ _____ Drachen

3 Unterstreiche die Eigenschaftswörter (Adjektive) im Text!
Male den Drachen so aus!

Der Drachen hat grüne Augen.

Seine Nase ist rot.

Er hat ein lustiges Gesicht.

An seinem Schwanz hängen
bunte Schleifen.

 Wie soll dein Drachen aussehen?

Fragen und Antworten

1 Verbinde die passenden Satzteile!

Das Eichhörnchen	frisst	Würmer und Schnecken.
Die Bäume	schläft	ihre Blätter.
Der Igel	verlieren	im Kobel.

2 Schreibe die beiden anderen Sätze auf!

Das Eichhörnchen schläft im Kobel.

3 Wie müssen die Fragen heißen? Schreibe auch die Antwort darunter!

der Igel? – **Was** – frisst

Was

Der Igel

das Eichhörnchen? – **Wo** – schläft

Was weißt du über den Igel?

© 2015 Cornelsen Schulverlage GmbH, Berlin
Alle Rechte vorbehalten.

Das Eichhörnchen

1 Lies!
Setze die richtigen Satzzeichen!

Was fressen Eichhörnchen ☐

Sie haben ein rotbraunes Fell ☐

Wie heißt das Nest ☐

Sie fressen Eicheln und Nüsse ☐

Woran erkennt man die Eichhörnchen ☐

Das Nest heißt Kobel ☐

2 Markiere die passenden Fragen
und Antworten in der gleichen Farbe!

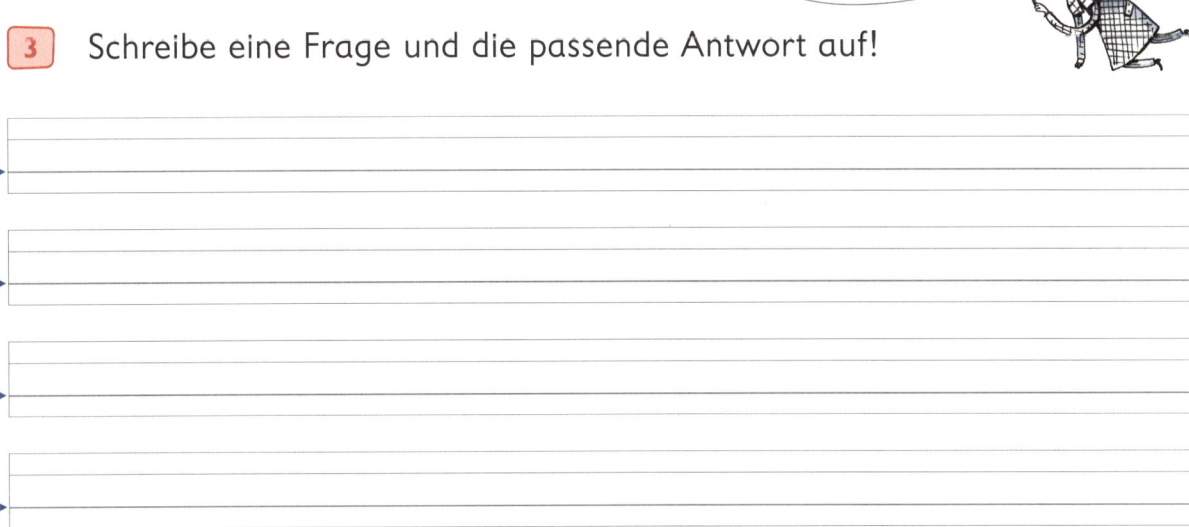

Denke an das Satzzeichen!

3 Schreibe eine Frage und die passende Antwort auf!

▶ _____

▶ _____

▶ _____

▶ _____

★ Sammle weitere Informationen über das Eichhörnchen!

Das Abc

1 Welche Buchstaben fehlen?
Setze sie ein!

B · · · E · · H I
R · · · N M
V · · Z

2 Ordne die Wörter nach dem Abc!

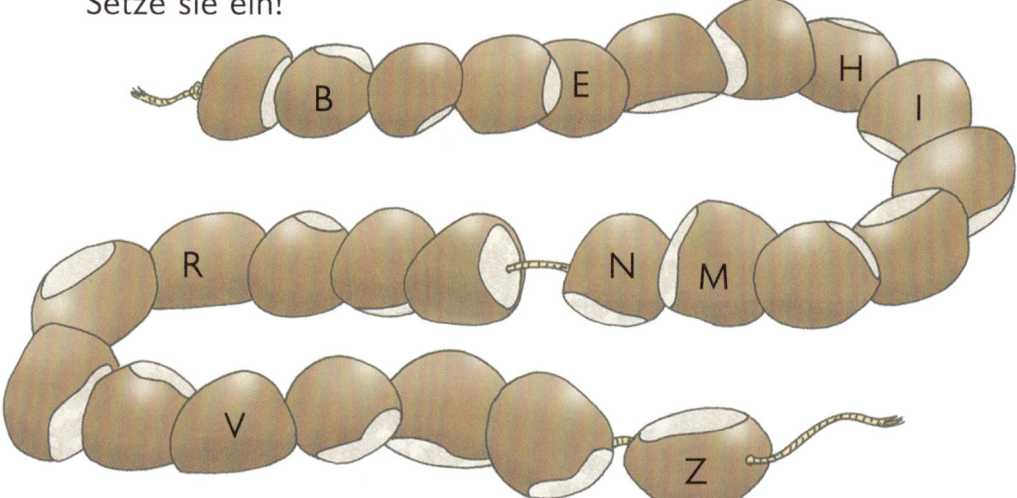

Puppe	**B**all	**K**ind	**T**asche	**H**emd	**E**nte
	1				

3 Schreibe die Namenwörter (Nomen)
mit dem Begleiter (Artikel) auf!

▶ 1 der Ball   ▶ 4

▶ 2   ▶ 5

▶ 3   ▶ 6

⭐ Suche Abc-Sprüche!

A B C D E F G H I J K L M N O P Q R S T U V W X Y Z

Wörter ordnen

1 Schreibe die fehlenden Buchstaben auf!

A ☐ ☐   ☐ L ☐   ☐ H ☐

☐ E ☐   M ☐ ☐   ☐ ☐ Z

2 Ordne die Wörter nach dem Abc!
Schreibe sie auf!

bunt   **w**eich   **g**rün   **r**ot   **k**lein

▶ _____

▶ _____

3 Schreibe die Wörter in die richtige Kiste!

Drachen • **W**ind • **H**erbst • **B**aum • **S**onne • **G**ras

A–D   G–I   R–W

 Packe eine Kiste mit deinen Wörtern!

Meine Buchstabenkiste

A B C D E F G H I J K L M N O P Q R S T U V W X Y Z

Bist du fit?

Drachenfest

Alle haben bunte <u>Drachen</u> gebaut.

Heute ist unser großes Drachenfest.

Dort sollen die Drachen im Wind steigen.

⚀ 1 Unterstreiche im Text alle Namenwörter (Nomen)!

⚀ 2 Ordne die Namenwörter (Nomen) nach dem Abc!
Schreibe sie dann mit dem Begleiter (Artikel) auf!

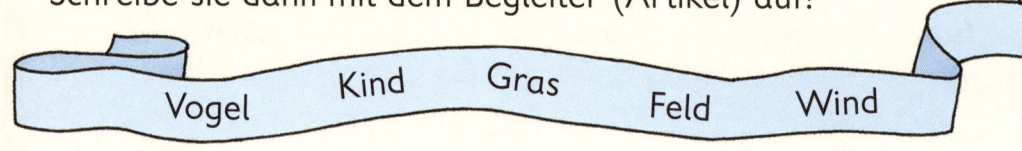

Vogel   Kind   Gras   Feld   Wind

☐   ☐   ☐   1   ☐

> das Feld

>

⚁ 3 Schreibe so!

Einzahl	Mehrzahl
> die Nuss	> die N<u>ü</u>sse
>	>
>	>
>	>

1 ☺ ☺   **2** ☺ ☺   **3** ☺ ☺

4 Ergänze die Sätze!
Achte auf die Satzzeichen!

| der Drachen | lang | blauer Himmel |

Alle Drachen fliegen am ⟩ blauen Himmel .

Warum fliegt ⟩ _____ von Felix nicht

Seine ⟩ _____ Schnur hat sich verknotet

5 Bilde Sätze! Markiere die Zwielaute!

blau	Pflaume
heiß	Feuer
gelb	Birne
klein	Raupe

Die Pflaume ist blau.

6 Was weißt du über den Apfel? Schreibe Sätze mit den Wörtern!

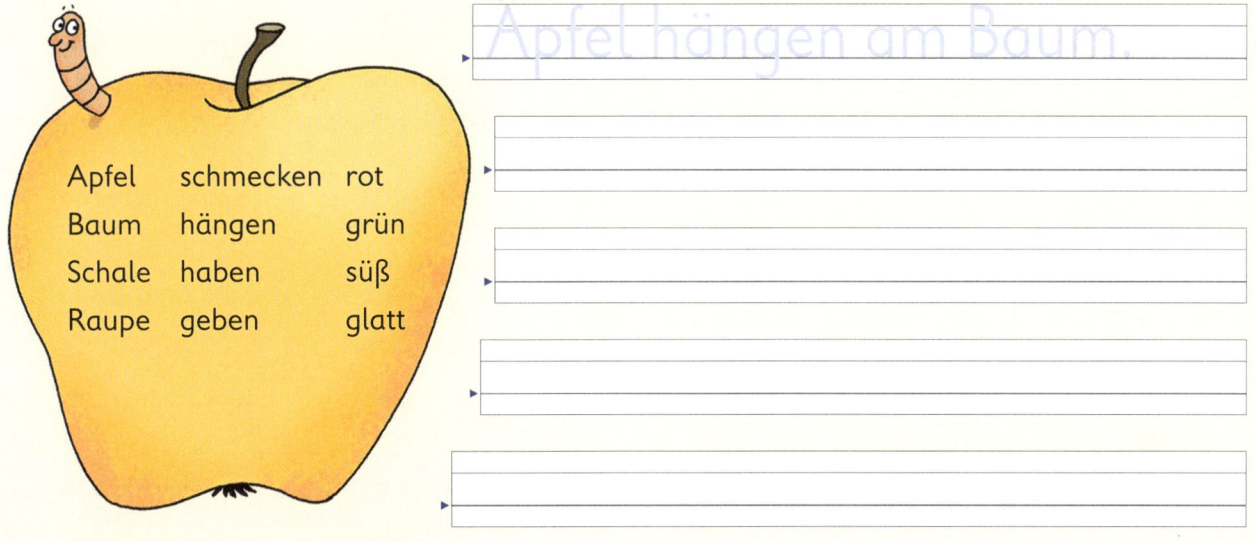

Apfel	schmecken	rot
Baum	hängen	grün
Schale	haben	süß
Raupe	geben	glatt

Äpfel hängen am Baum.

Miteinander leben

Was wir tun

1 Schreibe den Satz weiter!

einkaufen

lesen

spielen

essen

Die Familie kann gemeinsam ▸ *einkaufen,*

▸ _____ und ▸ _____ .

2 In jedem Geschenk stecken zwei Tätigkeitswörter (Verben).
Markiere sie!

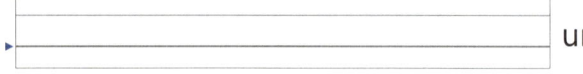

SPIELEN
GESCHENKE
TRINKEN

SINGEN
BLUMEN
SUCHEN

KAUFEN
ESSEN
KUCHEN

3 Lies die Tätigkeitswörter (Verben) genau!
Ordne sie in der Tabelle!

fressen • trinken
saufen • essen

Menschen können …	Tiere können …
▸	▸
▸	▸

⭐ Was machst du gern?
Schreibe einige Tätigkeitswörter (Verben) auf!

○ Verben: Grundform   **SF** S.34

Kindergeburtstag feiern

1 Was gehört zusammen? Verbinde!

Grundform (Nennform)	**gebeugte Form (Personalform)**
spielen	du liest
lesen	er geht
gehen	ihr lacht
lachen	ich spiele

2 Setze die richtige gebeugte Form (Personalform) ein!

Anne ⌐*feiert*⌐ ihren Geburtstag.   feiern

Lukas ⌐⌐ Anne Blumen.   schenken

Ich ⌐⌐ den Kuchen auf den Tisch.   stellen

Alle ⌐⌐ Schatzsuche.   spielen

3 Schreibe Annes Merkzettel auf!

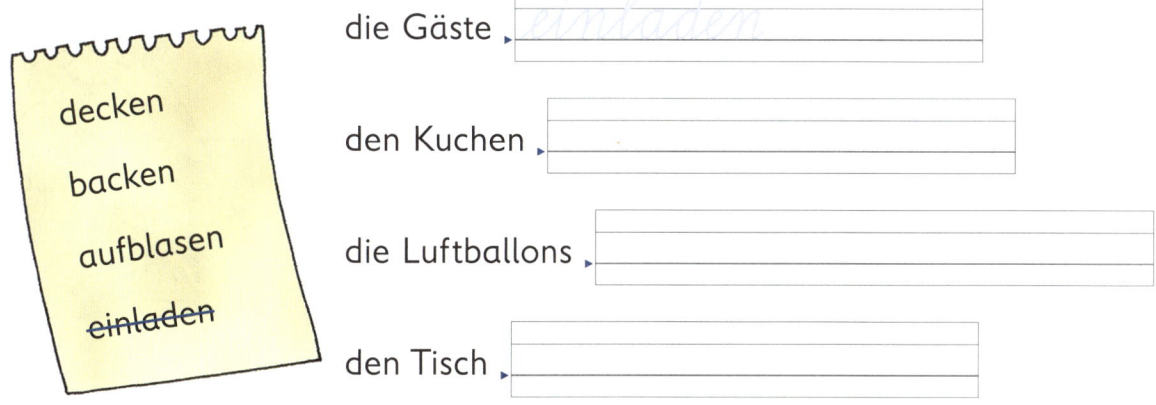

decken
backen
aufblasen
~~einladen~~

die Gäste ⌐*einladen*⌐

den Kuchen ⌐⌐

die Luftballons ⌐⌐

den Tisch ⌐⌐

⭐ Was möchtest du zu deinem Geburtstag spielen? Schreibe eine Liste!

Wortstamm und Endung

1 Immer drei Tätigkeitswörter (Verben) haben den gleichen Wortstamm. Markiere sie mit verschiedenen Farben!

denken	ich lege	ihr ruft

er legt	**rufen**	du denkst

du rufst	ihr denkt	**legen**

2 Setze richtig ein!

-e̶	-st	-en	-en	-t	-t

ich ▸ *spiele*   du ▸ *spiel*   er ▸ *spiel*

wir ▸ *spiel*   ihr ▸ *spiel*   sie (alle) ▸ *spiel*

3 Setze die richtige Form von **spielen** ein!
Unterstreiche den Wortstamm!

Felix ▸ *spielt* im Garten.

Anne und Julia ▸ _____ mit dem Ball.

Ich ▸ _____ gern Karten.

Warum ▸ _____ du nicht mit?

⭐ Wähle ein Tätigkeitswort (Verb)! Schreibe alle Formen auf!

turnen	rennen

Wörter mit V/v

1 Wie klingt **V** in den Wörtern? Verbinde!

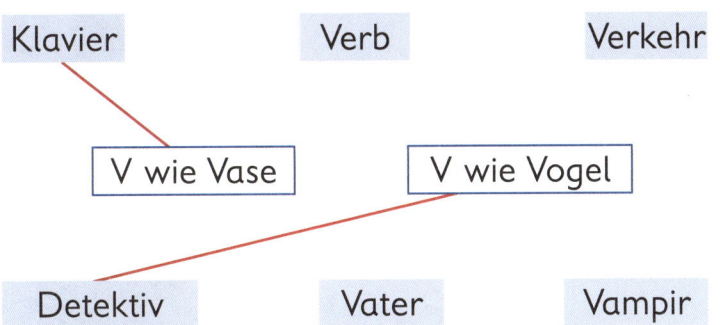

Klavier   Verb   Verkehr

V wie Vase   V wie Vogel

Detektiv   Vater   Vampir

V kann
wie F oder wie W
gesprochen
werden!

2 Setze die richtigen Wörter ein!

In der ⎿*Vase* stehen ⎿_____ Blumen.

vier • Vater • ~~Vase~~
Verkehr • Vögel

Die Ampel regelt den ⎿_____ .

Der ⎿_____ spielt mit uns Fußball.

Am Morgen singen die ⎿_____ vor meinem Fenster.

3 Kannst du das lesen? Schreibe die Wörter daneben!

vier ⎿*vier*

Vogel ⎿_____

Verkehr ⎿_____

November ⎿_____

versuchen

 Schreibe die Wörter zu den Bildern!

Ähnlich klingende Mitlaute

 1 Sprich die Wörter deutlich! Setze den Anlaut ein!

G ras
G/K?

  elefon
T/D?

  latt
P/B?

  ose
T/D?

  uppe
P/B?

  atze
G/K?

2 Verbinde die passenden Silben! Schreibe die Wörter auf!

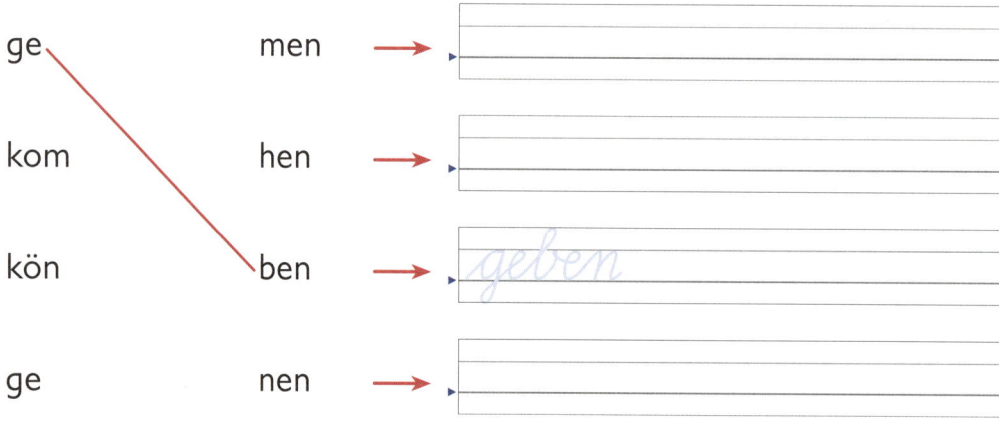

ge   men → _____

kom   hen → _____

kön   ben → *geben*

ge   nen → _____

Das Wörterbuch hilft dir dabei!

 3 Die unterstrichenen Wörter sind falsch.
Schreibe den Satz richtig auf!

Die Ginder drinken aus dem Klas.

Die Kinder

_____

 Schreibe deine Lieblingswörter mit **B** und **P** am Wortanfang auf!

Wörter verlängern

1 Setze **b** oder **g** richtig ein!

 viele Ber g e
ein Ber g

 viele Kör ☐ e
ein Kor ☐

 viele Bur ☐ en
eine Bur ☐

 viele Sie ☐ e
ein Sie ☐

 viele Zü ☐ e
ein Zu ☐

 viele Zwer ☐ e
ein Zwer ☐

2 Finde Reimwörter!

 geben

kleben

bleiben

liegen

sagen

3 **b** oder **g**? Ergänze die Lücken! Trage die Wörter in die Sätze ein!

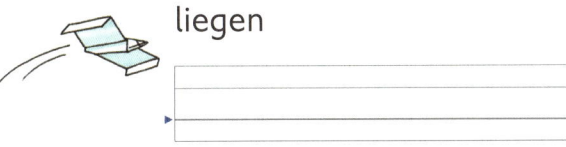 kle b en • flie ☐ en • schrei ☐ en • fra ☐ en

Im Unterricht *kleben* die Kinder bunte Sterne.

Anne _____ einen Brief.

Felix _____ nach dem Weg.

Leons Drachen _____ hoch am Himmel.

 Was reimt sich auf **fragen**?

Märchenzeit

Märchen erraten

1 Was gehört zusammen? Verbinde!

Rumpelstilzchen

Aschenputtel

Schneewittchen

Rotkäppchen

Frau Holle

2 Setze die richtigen Satzzeichen!
Schreibe den Namen des Märchens auf!

Aschenputtel • ~~Rumpelstilzchen~~ • Schneewittchen • Frau Holle

Was gibst du mir, wenn ich
das Stroh zu Gold spinne ⬚ ▸ *Rumpelstilzchen*

Spieglein, Spieglein an
der Wand, wer ist die Schönste
im ganzen Land ⬚ ▸

Da kamen zwei
weiße Täubchen herein ⬚ ▸

Kikeriki, unsere goldene
Jungfrau ist wieder hie ⬚ ▸

 Welche Märchensprüche kennst du? Schreibe oder male auf!

Märchen-Steckbriefe

1 Wähle eine Märchenfigur aus!
Trage alle Angaben zu deiner Märchenfigur ein!

Aschenputtel

Schneewittchen

alte Kleider, schmutziges Gesicht

die Schönste im ganzen Land

Haus hinter den sieben Bergen

tanzt auf einem Fest

hat sieben Zwerge als Freunde

im Haus der Stiefmutter

Name:

Aussehen:

Wohnort:

Besonderheit:

 Welches ist dein Lieblingsmärchen? Begründe!

Aufforderungen

1 Was befiehlt der Wolf dem Rotkäppchen? Ergänze!

Tritt ...
Mach ...
Gib ...
Komm ...

Tritt ____ näher an mein Bett !

____ die Tür zu

____ herein, liebes Kind

____ mir den Korb

> Beginne
> mit dem Tätigkeitswort
> (Verb)!

2 Die Mutter fordert Rotkäppchen auf. Schreibe!

die Großmutter besuchen → *Besuch* ____ !

auf den Weg achten → *Achte* ____

ihr Kuchen und Wein bringen → ____

3 Schreibe die Sätze vollständig!

~~schütteln~~   trinken   nehmen

→ *Schüttle* die Betten aus !

→ ____ nicht aus dem Brunnen

→ ____ keine Spindel in die Hand

⭐ Welchen Rat würdest du dem Wolf geben?

© 2015 Cornelsen Schulverlage GmbH, Berlin
Alle Rechte vorbehalten.

Wörter mit d und t am Wortende

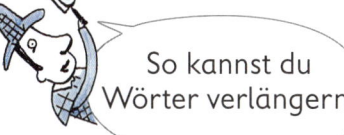

So kannst du
Wörter verlängern!

die Hand –
die Hände

 1 Wie werden die Wörter geschrieben: **d** oder **t**?
Kontrolliere mit dem Wörterbuch!

Wort	verlängertes Wort
das Bild	die Bilder

2 Ergänze ein passendes Eigenschaftswort (Adjektiv)!

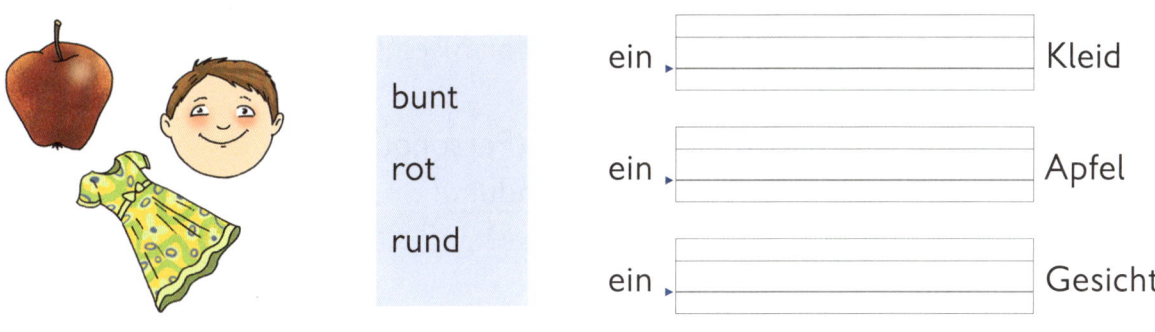

bunt

rot

rund

ein ▸ _____ Kleid

ein ▸ _____ Apfel

ein ▸ _____ Gesicht

3 Setze **d** oder **t** ein!

Der Rat des Königs

Der Prinz wollte nicht heiraten.

Nach langer **Zei** t sprach der König: „Du bekommst das **Lan** d .

Nimm die Prinzessin zur **Brau** .

Sie hat viel **Gel** und wünscht sich ein **Kin** .

Oft geht sie mit ihrem kleinen **Hun** spazieren.

Bitte sie um ihre **Han** !"

 Suche im Wörterbuch Eigenschaftswörter (Adjektive) mit **t** am Ende!
alt, ...

Bist du fit?

Kindergeburtstag

In dieser Woche **feiert** die Familie Annes Geburtstag.

Auf einem Zettel _____ viele Dinge.

Anne _____ Einladungen für ihre Freunde.

Felix und Mama _____ den Tisch.

Oma _____ Kuchen.

~~feiern~~
stehen

schreiben

decken
backen

1 Lies den Text! Setze die Tätigkeitswörter (Verben)
in der gebeugten Form (Personalform) ein!

2 Schreibe alle gebeugten Formen (Personalformen) auf!
Unterstreiche Wortstamm und Endung!

ich **schreibe** , du _____ , er _____

wir _____ , ihr _____ , sie (alle) _____

3 Berichtige Fehler!

Lukas ~~brinkt~~ Anne Blumen mit.

bringt

Oma träkt ein Körbchen in der Hant.

_____

Die Kinter toben im Karten.

_____

1 😊 😐 **2** 😊 😐 **3** 😊 😐

4 Schreibe Aufforderungssätze!

Saft und Kekse mitbringen

▸ *Bring Saft und Kekse mit!*

einen Kuchen backen

▸ *Back*

Einladungen schreiben

▸

den Tisch decken

▸

5 Schreibe Sätze!

Mama	Tisch schmücken	wir	Saft kaufen
Oma	Kuchen backen	Papa	Preise basteln
ich	Einladungen schreiben		

▸ *Mama schmückt den Tisch.*

▸

▸

▸

▸

Im Winter

Wörter zusammensetzen

1 Bilde zusammengesetzte Namenwörter (Nomen)!
Schreibe sie mit dem Begleiter (Artikel) auf!

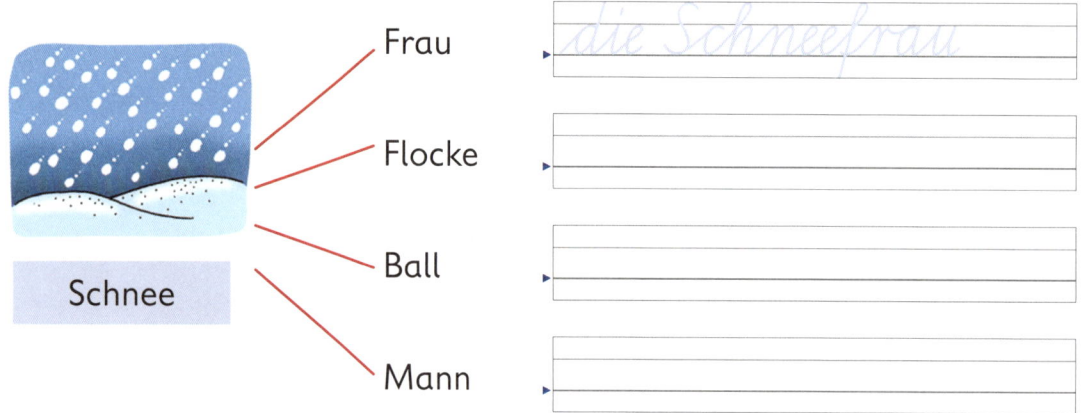

Frau → *die Schneefrau*

Flocke →

Ball →

Mann →

2 Finde in jeder Zusammensetzung zwei Wörter! Schreibe so:

Winterferien → *der Winter* | *die Ferien*

Vogelfutter → *der* | *das*

Schneeball → |

3 Setze die Wörter richtig ein!

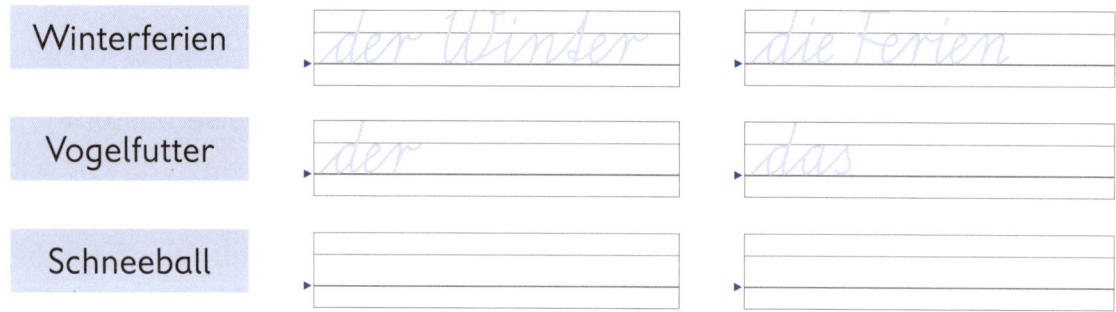

_____ fallen vom Himmel.

Schneeflocken
Schneemann
Schneeballschlacht

Felix baut einen großen _____ .

Die Kinder machen eine _____ .

 Gestalte für deine Mitschüler Bilderrätsel! So:

30   ○ zusammengesetzte Nomen

Wortfamilien

1 Markiere die Wörter einer Wortfamilie!

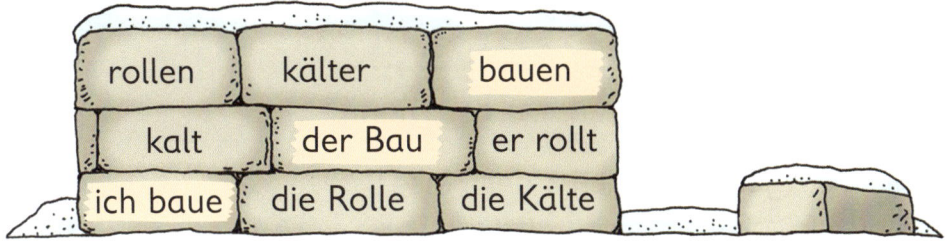

rollen · kälter · bauen
kalt · der Bau · er rollt
ich baue · die Rolle · die Kälte

2 Schreibe eine Wortfamilie heraus!
Unterstreiche den Wortstamm!

▸ *bauen, der Bau, ich baue*

▸

▸

3 Schreibe Wörter mit dem Wortstamm **kauf**!

ver-   -e
ein-   kauf-   -en
ge-   -t

▸ *kaufen*

▸

▸

▸

▸

⭐ Suche Wörter mit dem gleichen Wortstamm zu **schenken**!

Lange und kurze Selbstlaute

1 Sprich die Wörter deutlich!
Markiere die Selbstlaute so: lang (_) / kurz (.)!

O̲fen   offen

das Br**o**t • der T**o**pf • die P**u**ppe • der M**a**nn

das B**i**ld • der **I**gel• das B**u**ch • der H**a**se

2 Langer (_) oder kurzer (.) Selbstlaut?
Schreibe die Wörter geordnet auf!

| Kind | Dose | Sonne | Puppe | Hase | Nase |

kurz (.)
(3 Wörter) ▸ *das Kind,*

lang (–)
(3 Wörter) ▸

3 Schreibe die vier Wörter mit kurzem Selbstlaut heraus!

der Zucker	die Nase	die Hose	der Rock
der Name	der Rücken	die Hecke	der Hase

▸

▸

 Finde Wörter mit **ck**!

Verwandte Wörter

1 Verbinde die verwandten Wörter!

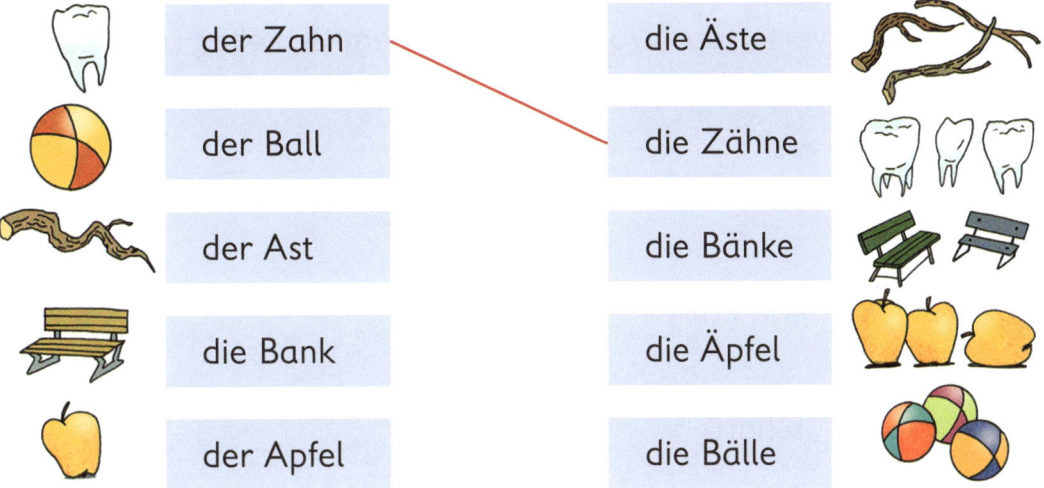

der Zahn	die Äste
der Ball	die Zähne
der Ast	die Bänke
die Bank	die Äpfel
der Apfel	die Bälle

2 Schreibe ein verwandtes Wort mit **ä** auf!

der Hals ▸ *die Hälse*

der Saft ▸

das Blatt ▸

das Gras ▸

3 Finde zu den Tätigkeitswörtern (Verben) verwandte Wörter aus der Wortleiste!

fahren ▸ *er fährt*

schlafen ▸

tragen ▸

waschen ▸

~~er fährt~~
du trägst
du wäschst
du fährst
er schläft
er trägt
er wäscht
du schläfst

★ Sammle Wörter zur Wortfamilie **fallen**!

Das tut mir gut

Was Freunde machen

1 Schreibe die Wörter der Wortfamilie mit dem Begleiter (Artikel) auf!
Unterstreiche den Wortstamm!

Freund — e ▸ *der Freund.*

Freund — in ▸

Freund — schaft ▸

▸

2 Schreibe zu den Bildern eine Geschichte!

die Jungen spielen Fußball ▸ *Die Jungen*

▸

▸

stehen Anna traurig am Rand ▸

▸

holen Anna dazu Felix, Lukas ▸

▸ *Alle spielen gemeinsam.*

⭐ Stelle eine Freunde-Regel auf!

 SF S.66

Briefe schreiben

1 Setze den Brief richtig zusammen! Schreibe ihn auf!

Liebe Anna,   Es grüßt dich   Lukas   ich danke dir für deine Hilfe.

Leipzig, 12. März …

Ort, Datum: *Leipzig*

Anrede

Was Lukas mitteilt:

Grüße:

Unterschrift:

 2 Finde die Fehler! Berichtige sie!

Lieber herr Schneider,   *Herr*

wir dangen Ihnen für die

Führung im zoo. Unser

Wandertag war Schön.

Es grüßt die klasse 2b

⭐ Finde Zusammensetzungen mit **Brief**! *das Briefpapier, …*

Wörter mit Sp/sp und St/st am Wortanfang

1 Setze die Silben passend zusammen!

sprin	len	*springen*
stel	len	
spa	gen	
spie	ren	

2 Suche Namenwörter (Nomen) mit **St/Sp**!
Schreibe sie geordnet auf!

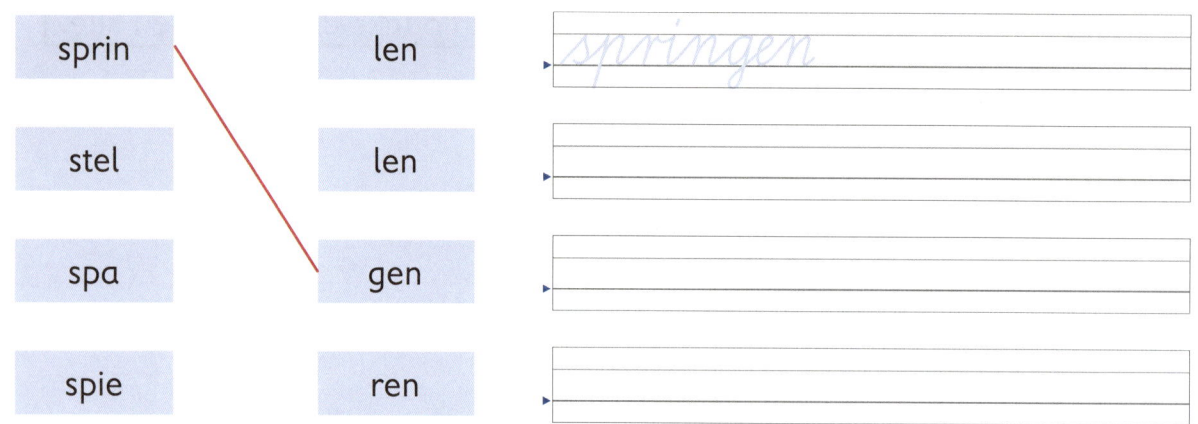

Sp
(2 Wörter)

St
(3 Wörter)

3 Schreibe zusammengesetzte Namenwörter (Nomen)!

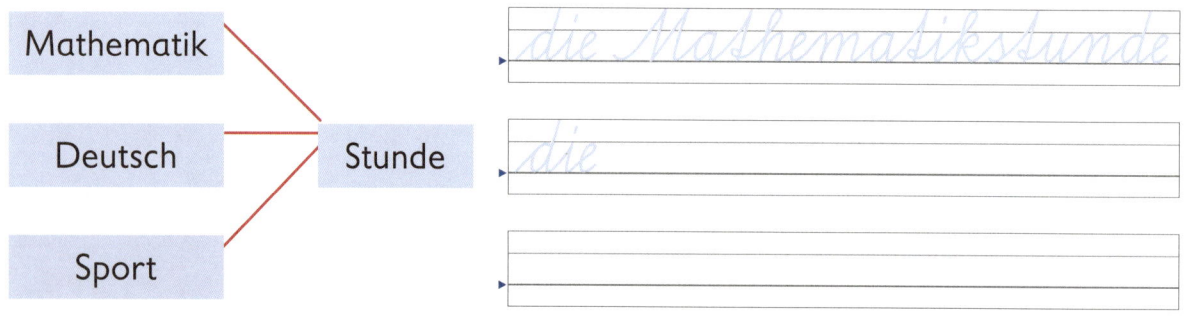

Mathematik	*die Mathematikstunde*
Deutsch — Stunde	*die*
Sport	

⭐ Bilde Schlangenwörter mit **Sp**! *Spiel, Spielzeug, Spielzeugladen, ...*

Wörter mit ch und sch

1 Sprich die Wörter deutlich! Ordne so:

| das Gesicht | der Busch | die Tasche | das Mädchen | das Buch | die Flasche |

Wörter mit ch

das Gesicht

Wörter mit sch

der Busch

2 Schreibe Wortgruppen!

dick	leer	hell	grün
ein Bauch	eine Flasche	ein Licht	ein Frosch

ein dicker Bauch

 3 Suche die Wörter im Wörterbuch! Schreibe sie richtig ab!

BAUCH
BUSCH
GESICHT
TASCHE

⭐ Schreibe einen lustigen Satz mit **ch**-Wörtern!

Bist du fit?

Winterurlaub

Felix und Anna sind im Wintersport.

Sie toben im tiefen Schnee.

Beide fahren mit dem neuen Schlitten.

Das Winterwetter ist schön.

Die Winterferien gehen schnell vorbei.

⚀ **1** Unterstreiche die zusammengesetzten Namenwörter (Nomen)!

⚁ **2** Finde im Text:

ein Namenwort
(Nomen): ▸ *Winterurlaub,*

▸

ein Tätigkeitswort
(Verb): ▸ *toben,*

ein Eigenschaftswort
(Adjektiv): ▸ *tiefen,*

⚂ **3** Schreibe zwei zusammengesetzte Namenwörter (Nomen)
mit **Schnee**!

▸ *die Schneeflocke,*

▸

▸

4 Ordne nach Wortfamilien!

du spielst • gewünscht • spielerisch • er wünscht • der Spieler • wunschlos

spielen	wünschen
▸	▸
▸	▸
▸	▸

5 Anna schreibt ihrer Freundin Julia einen Brief aus dem Winterurlaub. Schreibe den Brief!

Liebe Julia,

aus dem Wintersport.

ich schreibe dir

Anna

Es grüßt dich

Hier ist es schön.

Oberhof, 17. Februar 20___

Liebe Julia,

Im Frühling

Den Frühling entdecken

1 Verbinde!

Die Tulpen blühen in vielen Gärten.

Alle Kinder freuen sich auf Ostern.

Die Amsel baut ein Nest für ihre Jungen.

2 Schreibe den Satz richtig auf!

Die Bienen • herum. • summen • um die Blüten

Die

3 Kreuze die richtigen Aussagen an!

	richtig	falsch
Die Amseln bauen ihre Nester.	X	
Frühblüher sind Blumen.		
Es gibt nur gelbe Tulpen.		
Der Frühling beginnt im Mai.		

 Wie heißen die Frühblüher? Schreibe sie auf!

Wortbausteine

1 Bilde neue Wörter! Schreibe sie auf!

| mit | ver | ab |

| mit | vor | ver |

fliegen

▸ *mit*

▸

▸

singen

▸

▸

▸

2 Welcher Wortbaustein passt nicht?
Streiche ihn durch!

Eine Spielanleitung

Die ersten beiden Spieler setzen einen Hut auf ~~los~~ .

Nun rennen sie mit einem Ball um den Kasten ab herum .

Sie laufen zum Start zurück los .

Dort setzen sie den Hut los ab .

Nun geben sie Ball und Hut weiter weg .

Dann setzen sie sich los hin .

Die nächsten Spieler rennen um los .

 Bilde Wörter mit den Wortbausteinen mit um ab !

Wörter mit ng

1 Schreibe die Wörter mit **ng** heraus!

Endlich ist <u>Frühling</u>.

Die warmen Tage <u>fangen</u> wieder an.

Überall <u>singen</u> die Vögel.

Die Kinder <u>bringen</u> Seile und Bälle mit.

Die <u>Jungen</u> spielen Fußball.

Die Mädchen <u>springen</u> mit dem Seil.

Frühling

2 Setze die Tätigkeitswörter (Verben) richtig ein!

fangen

Felix *fängt* den Ball.

fangen

Alle _____ den Ball.

bringen

Lukas _____ das Buch.

bringen

Die Kinder _____ die Bälle.

singen

Anna _____ ein Lied.

singen

Ihr _____ alle im Chor.

⭐ Finde so viele Wörter wie möglich zur Wortfamilie **springen**!

Mitlaute nach kurzem Selbstlaut

Ofen   offen

1 Welches Wort passt nicht in die Reihe?
Streiche es durch!

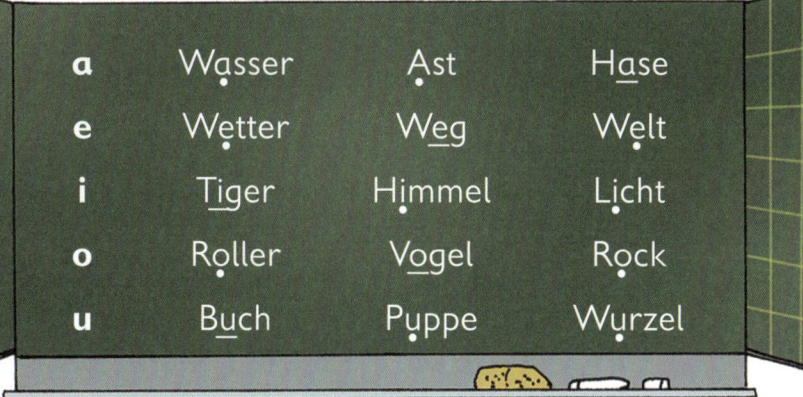

a	Wasser	Ast	Hase
e	Wetter	Weg	Welt
i	Tiger	Himmel	Licht
o	Roller	Vogel	Rock
u	Buch	Puppe	Wurzel

2 Was folgt nach kurzem Selbstlaut? Ordne die Wörter!

doppelter
Mitlaut:
(5 Wörter)

▸ *das Wasser,*

▸

verschiedene
Mitlaute:
(5 Wörter)

▸ *der Ast,*

▸

3 Schreibe Aussagesätze!

Tom und Felix	rollt	Suppe.
Der Ball	essen	weg.

▸ *Tom und Felix*

▸

 Finde Wörter mit **nn**!

Mit Tieren leben

Tierrätsel

1 Welches Tier wird hier gesucht?
Schreibe es auf!

Eine Raupe und
eine Biene.

Ich habe Flügel und
einen Stachel.
Ich helfe den
Menschen.
Ich liefere Honig.

Ich bin klein und
länglich. Ich fresse
viele Blätter.
Ich werde ein
Schmetterling.

▶

▶

2 Wähle ein Tier aus! Schreibe Sätze dazu!

Ich – eine Mähne. – habe
Ich – Möhren und Hafer. – fresse
Ich bin ein ... .

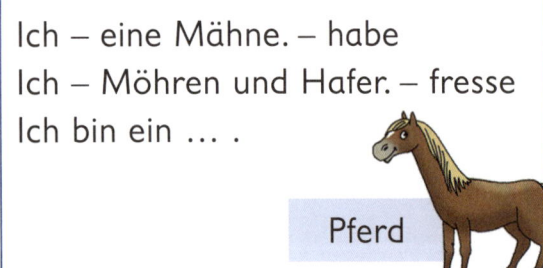

Pferd

Ich – ein Gefieder. – habe
Ich – schwimmen und tauchen.
– kann – Ich bin eine ... .

Ente

▶ *Ich habe*

▶

▶

▶

 Welches Tier wünschst du dir? Schreibe auf, warum!

Die kleinen Ziegen

1 Verbinde das Bild mit dem passenden Satz!

 1
 2
 3
 4

| Eine Ziege kommt hinzu. | Eine kleine Ziege steht auf der Weide. | Da stellt sich ein Ziegenbock in den Weg. | Beide Ziegen fressen Gras. |

2 Ordne den Satz! So geht die Geschichte weiter:

meckern laut.   erschrecken und   Die Ziegen

Die Ziegen

3 Wie geht die Geschichte aus?

Nun fressen

Ziegen • fressen Gras • Wiese • gemeinsam

 Welche Tiere haben Hörner? Schreibe sie auf!

Wörter mit tz

1 Schreibe die Wörter mit **tz** ab! Unterstreiche **tz**!

putzen • Katze • Platz • sitzen • Satz

> *putzen,*

2 Schreibe die Sätze ab! Unterstreiche die Wörter mit **tz**!

Die Katze hat vier weiße Pfoten. Oft putzt sie ihr Fell.

Sie sitzt gern am Fenster.

> *Die Katze*

3 Setze die Tätigkeitswörter (Verben) richtig in die Sätze ein!

~~kratzen~~

sitzen

putzen

Katzen *kratzen* oft an Bäumen.

Die Katze kann am Fenster _____.

Katzen _____ ihr Fell.

 Finde Reimwörter mit **tz**! *blitzen – flitzen, ...*

Wörter mit doppelten Mitlauten

1 Schreibe die Wörter mit dem Begleiter (Artikel) auf!

A ff e   Pu ⬚ e   Ba ⬚   So ⬚ e   Bla ⬚

ff
ll
pp
tt
nn

▸ *der Affe*

▸

2 Setze **ll** ein! Schreibe so!

dro ll ig   sti ⬚   schne ⬚

die Katze • drollig   ▸ *die drollige Katze*

das Mäuschen • still   ▸

der Hase • schnell   ▸

3 Was können die Tiere wirklich? Schreibe es auf!

Hunde schnurren   ▸ *Hunde können*

Katzen schnattern   ▸

Enten bellen   ▸

⭐ Finde Tiere mit doppeltem Mitlaut!   *Hummel, Giraffe, ...*

◖ doppelter Mitlaut   **SF** S.93   47

Bist du fit?

Katze Petzi

Felix besucht seinen Freund Moritz.

Er hat eine schwarze ⟶ *Katze* . Sie ⟶ _____

auf ihrem ⟶ _____ . Dann ⟶ _____ sie sich ihr Fell.

Mit einem ⟶ _____ springt sie auf den Sessel.

[1] Setze die folgenden Wörter richtig ein:

~~Katze~~ • sitzt • Platz • putzt • Satz

[2] Schreibe die Sätze ab!

Im Frühling scheint die Sonne hell. Die Katze sitzt still am Teich.

Die Fische schwimmen schnell davon.

⟶ *Im Frühling*

⟶ _____

⟶ _____

⟶ _____

[3] Schreibe die Wörter mit doppeltem Mitlaut heraus!

⟶ *Sonne,*

⟶ _____

48   **[1]** ☺ ☹   **[2]** ☺ ☹   **[3]** ☺ ☹

4 Verändere die Tätigkeitswörter (Verben) mit den Wortbausteinen!

	an	**ver**
fangen	*anfangen*	
singen		
bringen		

5 Schreibe eine Geschichte zu den Bildern!

Hasen

sitzen

Stall

Drei kleine Hasen

sitzen im

bringen

Julia

Futter

Wasser

offen

Stall

Häschen

Bei uns und anderswo

Fremde Sprachen verstehen

1 Wie heißen die Wörter in unserer Sprache? Schreibe sie auf!

escuela   okul

school   шко́ла

▸ _die Schule_

niños   çocuklar

children   де́ти

▸

lapiceros   kalemler

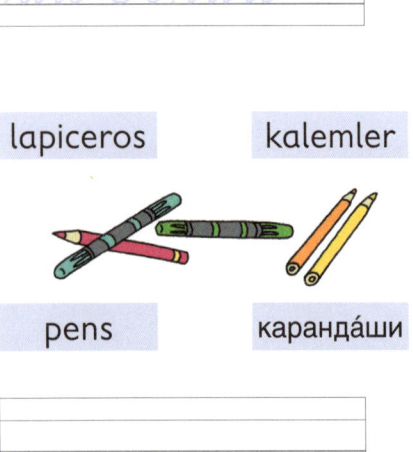

pens   каранда́ши

▸

libros   kitaplar

books   кни́ги

▸

2 Setze die fehlenden Wörter ein!

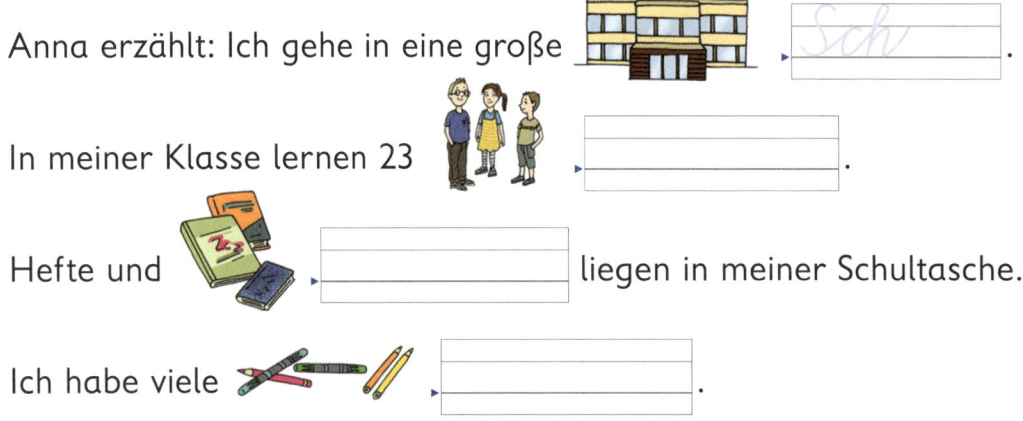

Anna erzählt: Ich gehe in eine große   ▸ _Sch_ .

In meiner Klasse lernen 23   ▸ .

Hefte und   ▸ liegen in meiner Schultasche.

Ich habe viele   ▸ .

 Wie heißt **Füller** in anderen Sprachen? Gestalte ein Plakat!

Die Grundschule in Japan

1 Lies den Text! Beantworte die Fragen!

Akemi aus Japan erzählt:

Ich bin mit sechs Jahren in die Schule gekommen.

Ich trage eine blaue Schuluniform.

Ich habe oft Japanisch und Mathematik.

Ich lerne auch schon Englisch.

Ich habe im Sommer sechs Wochen Ferien.

Welche Farbe hat Akemis Schuluniform?

Die Schuluniform

Wie viele Wochen hat Akemi im Sommer Ferien?

Sie hat

2 Ordne die Informationen zu!

Japan   Englisch   Akemi   blaue Schuluniform   ~~sechs Wochen Ferien~~

Name:

Land:

Fremdsprache:

Besonderheiten:

sechs Wochen Ferien

 In welchen Ländern tragen Kinder eine Schuluniform?

Wörter mit s

1 Ordne die Wörter nach den Begleitern (Artikeln)! Markiere **s**!

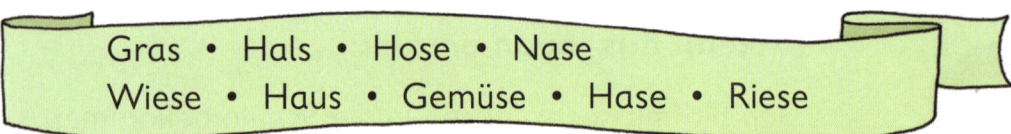

Gras • Hals • Hose • Nase
Wiese • Haus • Gemüse • Hase • Riese

der   **die**   **das**

▸ *Hals*

▸   ▸   ▸

▸   ▸   ▸

2 Schreibe den Reim ab!

Da ist ein kleiner ☐ Hase ☐.

▸

Er frisst und sitzt im ☐ Grase ☐.

▸

3 Schreibe die Wortgruppe in der Einzahl!

die Nasen tropfen   ▸ *die Nase tropft*

die Hasen hüpfen   ▸

die Riesen niesen   ▸

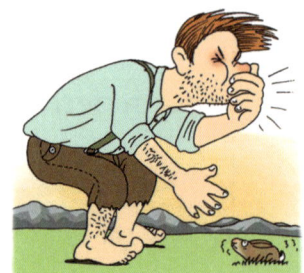

 Finde Reimwörter zu **Hase**!

© 2015 Cornelsen Schulverlage GmbH, Berlin
Alle Rechte vorbehalten.

Wörter mit au und äu

1 Bilde zusammengesetzte Namenwörter (Nomen)!

Baum   Bäume

Apfel	▸ _der Apfelbaum_	▸ _die_
Laub	▸ _der_	▸ _die_
Nadel	▸	▸

2 Schreibe eine Wortfamilie ab!

| laufen | du läufst | der Traum | die Träume |

| träumen | der Wettlauf | du träumst | der Läufer |

▸

▸

3 Finde ein verwandtes Wort mit **äu**!

das Haus – ▸ _das Häuschen, die H_

der Bauch – ▸ _das Bäuchlein_

die Maus – ▸ _das Mäuschen_

 Finde Tiere mit **au**!

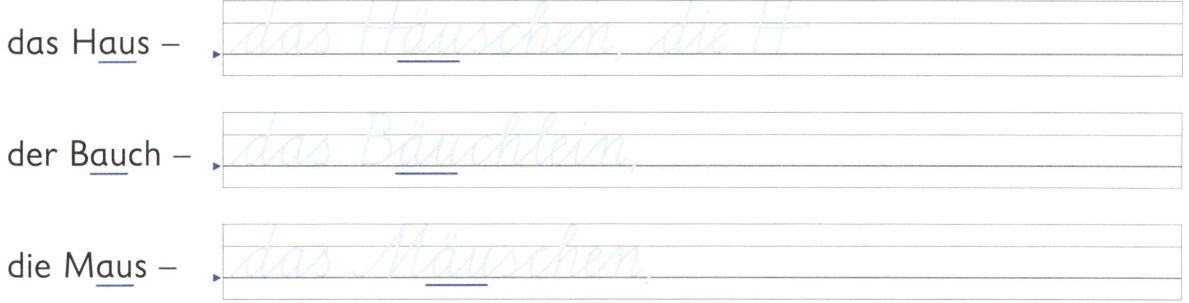

In der Bibliothek

Bücher entdecken

1 Was suchen sich die Kinder aus? Schreibe es auf!

Le	xi	kon
1	2	3

▸ *ein Lexikon*

buch	Mär	chen
3	1	2

▸ *ein*

Hör	spiel
1	2

▸ *ein*

sel	heft	Rät
2	3	1

▸ *ein*

2 Schreibe die Sätze richtig auf!

Rätsel stehen im
- Lexikon.
- Rätselbuch.

▸ *Rätsel stehen im Rätselbuch.*

Lieder stehen im
- Liederbuch.
- Kochbuch.

▸

Märchen stehen im
- Bastelbuch.
- Märchenbuch.

▸

 Was kannst du in deiner Bibliothek ausleihen?

Lesezeit

1 Schreibe das passende Tätigkeitswort (Verb)!

In Rätselbüchern kann man *rätseln* .

In Malbüchern kann man _____ .

In Lesebüchern kann man _____ .

malen

~~rätseln~~

lesen

2 Bilde Tätigkeitswörter (Verben)!

~~ver~~   vor   lesen   ab   mit   durch

verlesen

_____

3 Trage das Tätigkeitswort (Verb) in der richtigen Form ein!

Tom *liest* uns heute vor .

vor lesen

Wir _____ gespannt zu .

zu hören

Julia und Lukas _____ ein Buch aus .

aus wählen

Sie _____ es mit nach Hause.

mit nehmen

Beide _____ es am Freitag vor .

vor stellen

⭐ Welche Bücher gefallen dir?

Ich lese am liebsten Krimis!

Wörter mit t

1 Welcher Buchstabe fehlt?

der wei t e Weg – wei t   das ro ▢ e Auto – ro ▢

das kal ▢ e Wasser – kal ▢   die har ▢ e Nuss – har ▢

das al ▢ e Buch – al ▢   die bun ▢ en Blüten – bun ▢

2 Ordne die Wörter zu!

die Eltern • kalt • er hält • er arbeitet • die Minute
hart • leicht • sie wartet • die Zeit

Namenwort (Nomen)	Tätigkeitswort (Verb)	Eigenschaftswort (Adjektiv)
die Eltern	*er*	

3 Setze das Tätigkeitswort (Verb) ein!

Lesezeit

sitzt

sucht

hört

Lukas ▸ *sitzt* in der Leseecke und liest.

Anna ▸ _____ ein Buch über Tiere.

Tom ▸ _____ ein Hörbuch.

 Finde viele Vornamen mit **T / t**!

Wörter mit ß

1 Schreibe die Wörter geordnet!

Fuß • müssen • heißen • weiß • Wasser • groß

ß: ▸ *Fuß,*

ss: ▸

2 Schreibe Wortgruppen!

heiß ┬ Sommer ▸ *der heiße Sommer*
     └ Suppe ▸

groß ┬ Haus ▸
     └ Baum ▸

3 Verbinde! Schreibe die Zusammensetzungen auf!

Straßen — Ball ▸ *die Straßenbahn*

Fuß — Bahn ▸

Blumen — Spaß ▸

Rätsel — Strauß ▸

  Gestalte Bilderrätsel mit **ß**-Wörtern!  +

Unsere neue Schulbibliothek

Seit einer Woche ist unsere neue Schulbibliothek offen. Jetzt gibt es viel Platz für alle. Es macht noch mehr Spaß, Bücher, Zeitschriften, Spiele oder CDs auszuleihen.

Die Bibliothek hat von Montag bis Donnerstag geöffnet. Einige Schüler der dritten und vierten Klassen dürfen dort helfen. Jeden Freitag liest uns ein Lehrer vor.

1 Beantworte die Fragen!

Seit wann ist die Bibliothek wieder offen?

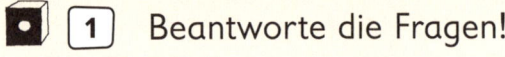 *Die Bibliothek ist*

Kannst du dir am Freitag Bücher ausleihen?

2 Kreuze die richtige Frage zur Antwort an!

Antwort: Einige Schüler dürfen in der Bibliothek helfen.

Frage:

☐ Wer liest am Freitag vor?

☐ Wer darf in der Bibliothek helfen?

Antwort: Es gibt Bücher, Zeitschriften, Spiele oder CDs auszuleihen.

Frage:

☐ Was kannst du alles ausleihen?

☐ Hat die Bibliothek am Freitag geöffnet?

3 Bilde Zusammensetzungen!

Tier

Wörter

Bilder

Märchen

das Tierbuch

4 Schreibe die Informationen heraus!

Der Regenwurm
Er lebt unter der Erde.
Gern vergräbt er sich im Kompost.
Amseln und Maulwürfe sind seine Feinde.
Der Regenwurm mag die Sonne nicht.
Der Regenwurm atmet nur durch die Haut.

Tier:

Lebensraum:

Feinde:

Besonderheiten:

Unheimliches und Spannendes

Flaschenpost

1 Setze die passenden Eigenschaftswörter (Adjektive) ein!

Wir sind mit einem ▸ *alten* Boot auf einer Insel gelandet.

Es hat ein ▸ _____ Loch.

Wir brauchen ▸ _____ Hilfe.

Die Trinkflaschen sind fast ▸ _____ .

Der Himmel wird aber schon ▸ _____ .

Wörter an der Flasche:
alt
groß
schnell
leer
dunkel

2 Schreibe die Sätze in der richtigen Reihenfolge ab!

1 Es fängt an zu regnen.

2 Wir werden nass.

3 Plötzlich kommen drei Kinder gerannt.

4 Sie nehmen uns mit zu ihren Zelten.

▸ _____

▸ _____

▸ _____

▸ _____

▸ *Wir sind gerettet.*

 Gestalte eine eigene Flaschenpost!

© 2015 Cornelsen Schulverlage GmbH, Berlin
Alle Rechte vorbehalten.

Wörter mit nk

1 Entschlüssle die Geheimschrift!

1	2	3	4	5	6	7	8	9	10	11	12
A	B	D	E	I	K	L	N	O	R	T	U

2–1–8–6

▶ BANK

3–12–8–6–4–7

▶

11–10–5–8–6–4–8

▶

3–4–8–6–4–8

▶

6–10–1–8–6

▶

9–8–6–4–7

▶

2 Ordne die Wörter aus Aufgabe 1 nach Wortarten!

Namenwort (Nomen)	Tätigkeitswort (Verb)	Eigenschaftswort (Adjektiv)
▶ *die*	▶ *d*	▶ *k*
▶ *der*	▶ *t*	▶ *d*

3 Schreibe Sätze!

streichen • die Bank • Wir • dunkelgrün.

▶ *Wir*

trinken • Wir • Limonade.

▶

 Verschlüssele in Geheimschrift: **denken, lenken, Klinke**!

Wörter mit aa, ee, oo

1 Schreibe Wörter! Unterstreiche **aa**, **ee** und **oo**!

| die Erdbeere | das Boot | der Schnee | die Haare | der Tee | der See |

▸ die Erdbeere

▸

▸

▸

▸

▸

2 Setze die Lösungswörter aus Aufgabe 1 richtig ein!

▸ die rote Erdbeere

▸ der heiße

▸ der tiefe

▸ die langen

▸ das alte

▸ der weiße

3 Bilde zusammengesetzte Namenwörter (Nomen) mit **Tee**!

Beutel   Tasse   Löffel

▸ der Teebeutel

▸

★ Finde viele Wörter mit **ee**!

SF S.120

Wörter mit ie

1 Ordne die Tätigkeitswörter (Verben) den Bildern zu! Markiere **ie**!

fliegen   liegen   spielen   lieben

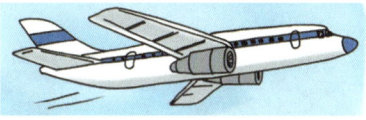

lieben

2 Unterstreiche alle Wörter mit **ie**!

Der Tiger ist ein gefährliches Tier.

Kleine Spinnen krabbeln über die Wiese.

Das Papier liegt auf dem Tisch.

Kinder spielen im Sommer draußen.

Bienen fliegen immer ohne Brille.

3 Wähle zwei Sätze aus! Schreibe sie ab!

⭐ Finde Reimwörter mit **ie**!

Im Sommer

Am See

1 Ordne die Sätze zu den Bildern!

1 2 3

	Lisa und Tim bauen ein Floß.
	Lukas verkleidet sich als Seeräuber.
1	Tina baut eine große Sandburg.

2 Wähle einen Satz aus! Schreibe ihn ab!

▸

3 Bilde Zusammensetzungen! ~~Bild~~ • Hut • Brille • Burg

Sand    ▸ *das Sandbild.*

▸

Sonnen   ▸

▸

⭐ Erfinde ein Sommerbilderrätsel! *Wasser* + 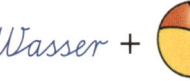 ...

Post aus dem Urlaub

1 Schreibe die Anschrift auf die Postkarte!

Julia Lehmann • Schulstraße 12 • 34567 Tälerdorf

2 Nummeriere die richtige Reihenfolge! Schreibe die Karte!

☐ Viele Grüße von Lukas

☐ wir haben ein Neptunfest gefeiert. Ich war ein Seeräuber.

☐ Liebe Julia,

Liebe J

Julia L

3 Welche Anschrift ist vollständig? Kreuze an!

Laura Schwalbe	Anton Schubert
Nr. 3	Bergstr. 5
99097 Erfurt	10115 Berlin

 Schreibe eine eigene Postkarte!

Wörter mit hl, hm, hn, hr

1 Ordne nach dem Abc!

Sohn • **J**ahr • **U**hr • **Z**ahn • **F**rühling • **V**erkehr

Frühling,

2 Bilde zusammengesetzte Namenwörter (Nomen)!

das Uhrwerk,

3 Schreibe neue Tätigkeitswörter (Verben)!

benehmen,

⭐ Finde viele Wörter mit dem Wortstamm **wohn**!

Wochentage, Monate und Jahreszeiten

1 Schreibe die Schultage heraus!

> Montag • Freitag • Donnerstag • Sonnabend
> Dienstag • Sonntag • Mittwoch

▸ *Montag*

▸

2 Verbinde! Beende dann den Satz!

Sommer   Winter   Frühling   Herbst

Das sind die vier ▸

3 Setze die Wortgrenzen! Schreibe dann richtig auf!

JANUAR|FEBRUARMÄRZAPRILMAIJUNIJULIAUGUST

SEPTEMBEROKTOBERNOVEMBERDEZEMBER

▸ *Januar*

▸

▸

 Wie heißen die Jahreszeiten in einer anderen Sprache?

Feste im Schuljahr

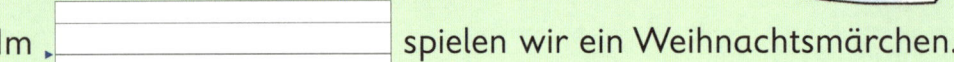

Im _September_ beginnt das Schuljahr.

Das Herbstfest feiern wir im _____ .

Im _____ spielen wir ein Weihnachtsmärchen.

Fasching feiern wir im _____ .

Im _____ findet das Frühlingsfest statt.

Beim Sportfest im _____ wollen wir gewinnen.

Wir freuen uns auf das Abschlussfest im _____ .

1 Setze die fehlenden Wörter ein!

September • Oktober • Dezember • Februar • März • Mai • Juni

2 Fünf Monate fehlen. Schreibe sie auf!

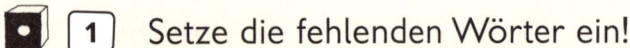
_Januar, A_____ J_____ A_____ N_____

3 Setze **i** und **ie** richtig ein!

die B **i** rne

die W __ se

das B __ ld

das T __ r

das K __ nd

die B __ ne

© 2015 Cornelsen Schulverlage GmbH, Berlin
Alle Rechte vorbehalten.

1  **2** ☺ ☹ **3** ☺ ☹

4 Schreibe die Sätze richtig auf!

Heute • unser Schulfest. • feiern wir

Es gibt • zu gewinnen. • Preise

kommen • Viele Eltern • an diesem Tag.

Heute

5 Nummeriere die Reihenfolge! Schreibe dann die Postkarte!

☐ Viele Grüße von Julia

☐ unser Schulfest findet am Freitag statt. Möchtest du kommen?

☐ Lieber Lukas,

Lukas Schubert

Mühlenweg 3

25643 Schönau

Ich übe Schreibschrift

Ich übe Buchstaben

1 Welche Buchstaben kannst du schreiben?
Schreibe in Schreibschrift!

A a   B b   C c   D d

E e   F f   G g   H h

I i   J j   K k   L l

M m   N n   O o   P p

Qu qu   R r   S s   T t

U u   V v   W w   X x

Y y   Z z

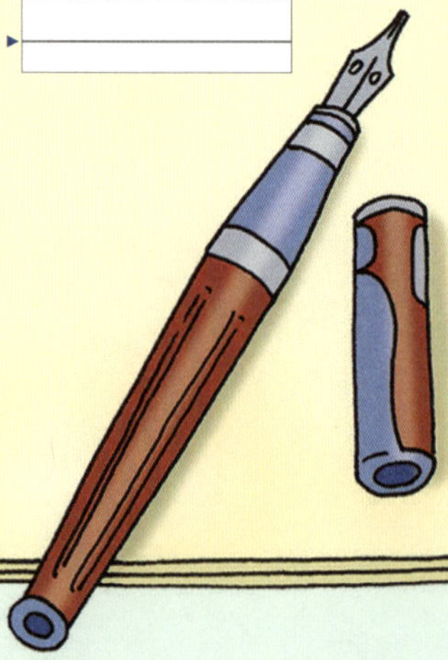

Ich übe Buchstabenverbindungen

1 Schreibe sauber und achte auf die Verbindung!

Ei   Ga   Li   Ze   Ja   Ma

2 Schreibe die Wörter!

Lama   Eule   Maus

3 **Das kann ich schon!**
Übertrage in die Schreibschrift!

Eis lecken

Eulen malen

laut lachen

Ich übe Buchstabenverbindungen

1 Setze jeweils den zweiten Buchstaben genau auf der Grundlinie an!

So · Ti · Na · Bi · Va · Do

2 Übe sorgfältig!

Qu qu ß

3 Das kann ich schon!
Schreibe die Wörter ab!

quatschenQuallequakenQuelle

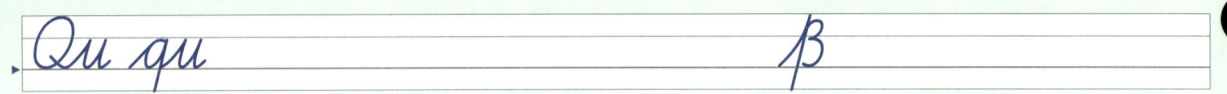

FußweißheißStraße

Ich übe Buchstabenverbindungen

1 Achte beim Schreiben auf die Verbindung!

Af Al As Af Al As

Fe Fl Fi Fe Fl Fi

He Hu Ho He Hu Ho

2 Übe die Buchstabenverbindungen!

ra rn re ra rn re

bl be ba bl be ba

os ot ol os ot ol

3 **Das kann ich schon!**
Übertrage in die Schreibschrift!

Affe • Fenster
Hose • Finger

rechnen • blühen
baden • sollen

Ich schreibe Buchstaben und Wörter genau

1 Ergänze die Buchstaben im Spruch!

A / / / – wenn ich zur Schule geh,

E / / / – sind alle da.

J / / / – wir schreiben schnell,

M / / / – das tut weh.

Qu / / / – nun trinke ich Tee.

U / / / / / Y / Z – heute war es nett.

geh
Klee
See
...

nett
Bett
fett
...

2 Schreibe genau!

xe _____ Hexe

dy _____ Teddy

Zau _____ Zauberer

3 **Das kann ich schon!**
Übertrage in die Schreibschrift!

Die Hexe Trixi
zaubert Wörter.

Ich halte Schreibräume ein

Der Platz wird immer enger!

1 Schreibe die Wörter ab!

Kreide

Buch

Lineal

2 Schreibe die Sätze ab!

Der Füller steckt in der Federmappe.

Hast du ein Lineal?

Schaffst du es auch hier?

3 Schreibe genau in die Zeile!

Der Füller steckt in der Federmappe.

Hast du ein Lineal?

Ich schreibe ein Gedicht ab

1 **März**

2 Roller aus dem Keller,

3 Katze aus dem Haus,

4 Blüten aus den Knospen,

5 alles kommt heraus.

6 Alfons Schweiggert

1 Schreibe das Gedicht in Schreibschrift ab!

2 Gestalte die Seite passend zum Gedicht!

1 ▸

2 ▸

3 ▸

4 ▸

5 ▸

6 ▸

Wir legen eine Tabelle an

1 Zeichne die Tabelle mit zwei gleich großen Spalten nach!

2 Schreibe den Tabellenkopf nach!

Wörter mit B	Wörter mit F

 3 Ordne die Wörter mit **B** und **F** in die Tabelle ein!
Findest du noch mehr Wörter?

der **B**all • das **F**enster • der **F**uß

die **B**lume • die **F**rucht • das **B**uch

Ich beschrifte etwas

Das Schneeglöckchen

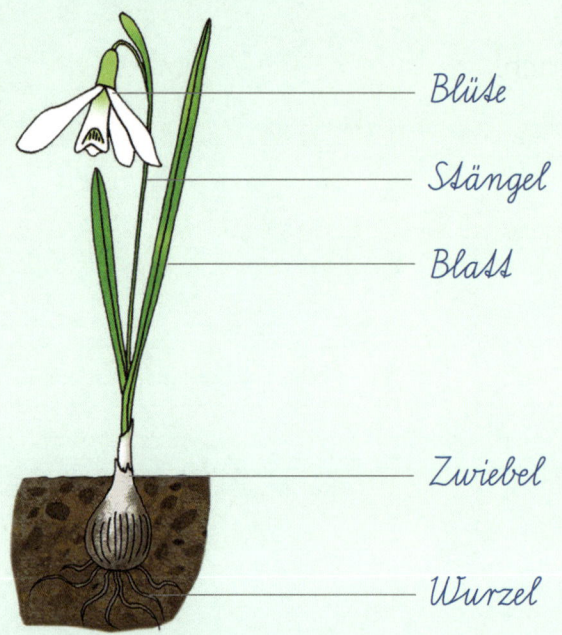

Blüte

Stängel

Blatt

Zwiebel

Wurzel

1 Schau genau, wie man die Teile einer Pflanze beschriftet!

2 Verbinde das Pflanzenteil mit dem passenden Wort!

3 Beschrifte die Teile der Tulpe!

Die Tulpe

Blüte

St

B

Z

W

Wurzel

Blatt

Zwiebel

Stängel

Blüte

78

Das kann ich alles

1 Lies die Zaubersprüche der Hexe Trixi!

Lirum larum Löffelstiel, die Schreibschrift ist ein Kinderspiel!

Ene mene Kuchenschreck, die Schreibschrift her, die Druckschrift weg!

Hokus Pokus Hühnerei, die Schreibschrift zaubere ich herbei!

2 Zaubere aus Druckschrift die Schreibschrift! Schreibe einen Spruch ab!

▸

▸

▸

Mein Schreibschriftpass

Das bin ich:

Seite	☺	☹
S.70		
S.71		
S.72		
S.73		
S.74		
S.75		
S.76		
S.77		
S.78		
S.79		

Schreibschriftorden

Name:

▸

Klasse:

▸

erhalten am:

Lehrerin/Lehrer:

▸

Sprachfreunde 2

Arbeitsheft Fördern
Ausgabe Nord

Erarbeitet von
Susanne Kelch und Andrea Knöfler

Unter Einbeziehung der Ausgabe von
Susanne Kelch, Andrea Knöfler, Heike Schindler und
Heike Wessel

Unter Beratung von
Jenny Glase (Berlin)

Redaktion: Christina Nier

Illustration: Katja Wehner, Uta Bettzieche (Hund und
Detektiv)

Umschlaggestaltung: tritopp Berlin; Uta Bettzieche,
Barbara Schumann

Layout und technische Umsetzung: tritopp, Berlin

Quellen
S. 59: mauritius images/Alamy/Nigel Cattlin
S. 76: Schweiggert, Alfons: Auf ins Freie! Aus: Jeden Tag
ein Gedicht! Augsburg: Brigg-Verlag 2012

www.cornelsen.de

Alle Drucke dieser Auflage sind inhaltlich unverändert und
können im Unterricht nebeneinander verwendet werden.

1. Auflage, 2. Druck 2020

© 2015 Cornelsen Schulverlage GmbH, Berlin
© 2020 Cornelsen Verlag GmbH, Berlin

ISBN 978-3-06-083642-0

Druck: Athesiadruck GmbH

PEFC zertifiziert
Dieses Produkt stammt aus nachhaltig
bewirtschafteten Wäldern und kontrollierten
Quellen.

www.pefc.de

PEFC/18-31-166

Liebe Lehrerinnen und Lehrer,

die bundesweiten Vergleichsarbeiten (VERA) zur Lernstandserhebung sind in der Grundschule mittlerweile zu einem festen Bestandteil geworden. Sie werden jährlich gegen Ende der dritten Klasse durchgeführt und sollen das Erreichen der Bildungsstandards überprüfen sowie Hinweise zur Verbesserung der Lernleistungen und für die Weiterentwicklung des Unterrichts geben. Dazu gehört auch die Verbesserung der Diagnosegenauigkeit.

Sich über einen längeren Zeitraum auf Aufgaben zu konzentrieren, ist für viele Schülerinnen und Schüler ungewohnt und anstrengend. Das gilt auch für die Erfahrung, unter Zeitdruck zahlreiche, zum Teil noch unbekannte Aufgabenformate ohne Hilfsmittel bearbeiten zu müssen.

Mit den vorliegenden Lernstandserhebungen möchten wir Ihre Schülerinnen und Schüler und Sie selbst unterstützen:

- Den Schülerinnen und Schülern sollen die Lernstandserhebungen helfen, sich mit sorgfältig ausgewählten Aufgaben, wie sie auch in den Vergleichsarbeiten verwendet werden, **auf die ungewohnte Testsituation vorzubereiten**. Möglicherweise vorhandene Ängste können so abgebaut und es kann Sicherheit gegenüber der zukünftigen Testsituation gewonnen werden.
- Bei Ihrer **täglichen förderdiagnostischen Arbeit** sollen die Lernstandserhebungen Sie unterstützen und dabei helfen, aktuelle Lernstände und vorhandene Kompetenzen Ihrer Schülerinnen und Schüler in den verschiedenen inhaltlichen Bereichen einzuschätzen und den individuellen förderdiagnostischen Bedarf zu ermitteln.

Die Aufgaben sind an den KMK Bildungsstandards sowie den Lehr- und Bildungsplänen der Bundesländer orientiert und fokussieren die dort beschriebenen Lernziele und zu erreichenden Kompetenzen.

Im **Auswertungsbogen** werden neben den **Aufgabenlösungen** das jeweilige **Niveau** der Aufgabe sowie die jeweils fokussierten **Fähigkeiten, Fertigkeiten und Kenntnisse** beschrieben, die zur Aufgabenbewältigung im Wesentlichen benötigt werden.

In Anlehnung an die drei in den KMK Bildungsstandards angeführten Anforderungsbereiche „Wiedergeben", „Zusammenhänge herstellen" sowie „Reflektieren und beurteilen" (vgl. Bildungsstandards im Fach Deutsch für den Primarbereich, Beschluss vom 15. 10. 2004, S. 17) und die VERA-Fähigkeitsniveaus 1–3 (vgl. VERA, Hinweise zur Weiterarbeit, Erläuterungen zu den Deutschaufgaben 2009, S. 2) sind den Aufgaben der vorliegenden Lernstandserhebungen drei Niveaustufen zugeordnet, die entsprechend *grundlegende*, *erweiterte* und *fortgeschrittene* Fähigkeiten erfordern.

ISBN 978-3-06-083118-0

Niveau 1: „Wiedergeben" → erfordert grundlegende Fähigkeiten

Das Lösen der Aufgabe erfordert die Wiedergabe bekannter Informationen und die Anwendung grundlegender Verfahren und Routinen.

Niveau 2: „Zusammenhänge herstellen" → erfordert erweiterte Fähigkeiten

Das Lösen der Aufgabe erfordert das Erkennen von Zusammenhängen, das Verknüpfen von Informationen sowie das Anwenden erworbenen Wissens und bekannter Methoden.

Niveau 3: „Verallgemeinern, reflektieren und beurteilen" → erfordert fortgeschrittene Fähigkeiten

Das Lösen der Aufgabe erfordert den Umgang auch mit neuen Sachverhalten und das Entwickeln eigenständiger Beurteilungs- und Lösungsansätze.

Der Auswertungsbogen der Lernstandserhebungen bietet darüber hinaus Platz für Ihre **Beobachtungen und Notizen** zur Einschätzung des jeweiligen Lernstandes des Kindes im Rahmen Ihrer förderdiagnostischen Arbeit.

Den Schülerinnen und Schülern ermöglicht ein einfaches Smiley-System auf den Testseiten die **Selbsteinschätzung** und schafft so eine Basis zur Reflexion des eigenen Lernstandes. Gemeinsam mit dem Kind können anschließend die Ergebnisse aus der Selbsteinschätzung und Ihre Einschätzungen aus dem Auswertungsbogen in einem förderdiagnostischen Gespräch zu einem Gesamtbild zusammengefügt und Lernziele sowie nächste Lernschritte vereinbart werden. Dabei kann es im Sinne einer dialogisch orientierten Förderdiagnostik sehr aufschlussreich sein, nach Lösungswegen und Erklärungen bei falsch gelösten Aufgaben zu fragen, um Einblicke in die Denkwege Ihrer Schülerinnen und Schüler bei der Lösung einer Aufgabe zu bekommen.

Die Lernstandsseiten erheben nicht den Anspruch, eine kontinuierliche Beobachtung und Dokumentation des Lernverlaufs sowie förderdiagnostische Maßnahmen zu ersetzen. Sie können aber einen wichtigen Beitrag zu Ihrer alltäglichen förderdiagnostischen Arbeit leisten.

Ihr Cornelsen Verlag

Erarbeitet von:	Rüdiger-Philipp Rackwitz
Redaktion:	Birgit Waberski
Illustrationen:	Gabriele Heinisch
Layout und technische Umsetzung:	Birgit Riemelt, Panketal

Liebe Schülerin, lieber Schüler,

mit diesen Aufgaben kannst du herausfinden, was du schon gut kannst
und was du noch üben solltest.

Bearbeite die Aufgabenblätter so:
1. Schreibe deinen Namen und das Datum oben auf jedes Blatt.
2. Lies dir die Aufgabe in Ruhe durch.
3. Bearbeite die Aufgabe.
4. Wenn du bei einer Aufgabe nicht weiterkommst,
   mache bei der nächsten weiter und versuche es später noch einmal.
   Du kannst auch jemanden um Hilfe fragen.
5. Wenn du eine Aufgabe bearbeitet hast, kreuze an,
   wie leicht oder wie schwierig du sie findest:

   Diese Aufgabe
   ☺ kann ich gut lösen
   😐 kann ich nur zum Teil lösen
   ☹ kann ich gar nicht lösen

Es gibt verschiedene Aufgabenarten:
Bei manchen Aufgaben sollst du die richtige Antwort ankreuzen.
Beispiel: Was hängt in der Schule? Kreuze an.

☐ Waffel   ☒ Tafel   ☐ Tante

Meistens ist nur eine Antwort richtig. Wenn mehrere Antworten richtig sind,
steht in der Aufgabe „Kreuze **alle** richtigen Antworten an."

Bei manchen Aufgaben sollst du etwas in einem Text **unterstreichen**
oder ein falsches Wort **durchstreichen**.

Beispiele: Wort   ~~Wort~~

Bei manchen Aufgaben sollst du die Antwort **aufschreiben**.
Bei Aufgaben mit einer kurzen Schreiblinie reicht es, ein oder zwei Wörter
aufzuschreiben. Bei längeren Linien solltest du einen oder mehrere Sätze
schreiben.

Viel Spaß und viel Erfolg!

Wie ist mein Ergebnis?

1 Schreibe das ABC vollständig auf.

A B C D E F G H

2 Kreise alle Selbstlaute ein.

R Z A

T E D H

L I K O

S U M

 3 Welches Wort ist ein Nomen? Kreuze an.

☐ schön   ☐ fliegen   ☐ Tasche   ☐ regnen

 4 Welches Wort ist ein Verb? Kreuze an.

☐ Haus   ☐ offen   ☐ hören   ☐ wolkig

 5 Welches Wort ist ein Adjektiv? Kreuze an.

☐ schwer   ☐ liegen   ☐ schreiben   ☐ lachen

☺ kann ich gut lösen   😐 kann ich nur zum Teil lösen   ☹ kann ich gar nicht lösen

Name: Datum:

6   In jedem Kasten passt ein Wort nicht zu den anderen.
Streiche das falsche Wort in jedem Kasten durch.

gehen	stehen	rennen	spazieren	wandern	laufen

rufen	schreien	schreiben	flüstern	sagen	tuscheln

stehlen	klauen	wegnehmen	bauen	rauben	erbeuten

7   Schreibe das passende Verb zu den Nomen.

der Arbeiter –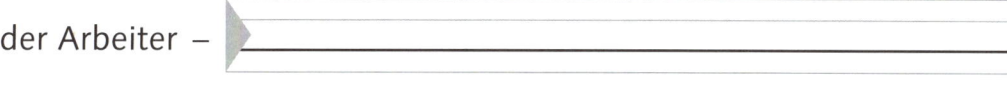

die Bremse –

der Bagger –

das Bad –

8   In der Wörter-Schlange haben sich drei Nomen versteckt.
Kreise sie ein.

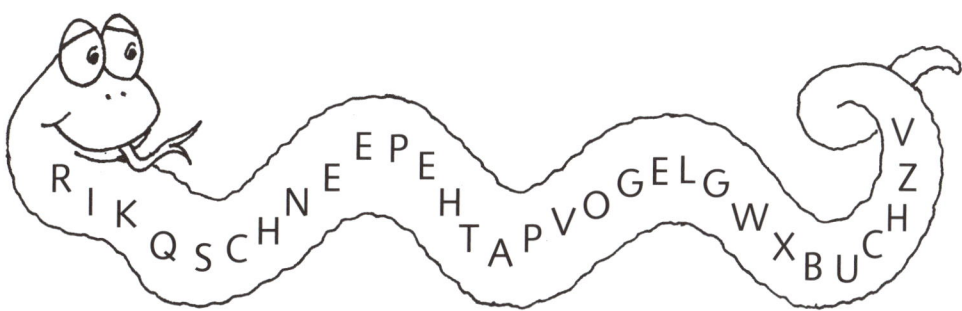

😊 kann ich gut lösen   😐 kann ich nur zum Teil lösen   😞 kann ich gar nicht lösen

Name: Datum:

Wie ist mein
Ergebnis?

9 Schreibe das Gegenteil auf.

schwer –

gut –

links –

hell –

laut –

10 Setze den richtigen Artikel ein.

_____ Weg   _____ Bild   _____ Hose

_____ Brücke   _____ Schiff   _____ Baum

11 Setze nach jedem Satz einen Punkt.

Es ist Herbst Ein kalter Wind fegt über
Wiesen und Felder Anja und Tim
lassen ihre Drachen steigen Sie haben
schon Handschuhe an und Mützen auf
Bald fällt der erste Schnee

Gut gemacht! Jetzt hast du alles geschafft!

☺ kann ich gut lösen   😐 kann ich nur zum Teil lösen   ☹ kann ich gar nicht lösen

Name: Datum:

1 Ordne die Wörter nach dem ABC und schreibe sie
in der richtigen Reihenfolge auf.

| Tiger | A̶m̶e̶i̶s̶e | Nilpferd | Zebra | Bär | Löwe | Hund | Pinguin |

Ameise,

2 Aus welchen Wörtern sind diese Nomen zusammengesetzt?
Schreibe die Wörter mit ihrem Artikel auf.

das Tischbein

 +

die Stuhllehne

 +

das Bücherregal

 +

das Bilderbuch

 +

Wie ist mein Ergebnis?

3 Unterstreiche alle Verben.

Lena, Thomas und Robin spielen zusammen am Strand.
Sie bauen eine Sandburg. Lena schaufelt den Sand
zu einem Berg, Thomas formt die Mauern und Türme
und Robin sucht Muscheln für die Verzierung.

4 Schreibe die Wörter mit ihrem Artikel in der Mehrzahl auf.

das Tal   – *die*

die Blume   –

das Haus   –

der Tisch   –

der Computer –

5 Wie schreibst du diese Wörter richtig?
Klein oder groß? Kreuze an.

	klein	groß		klein	groß
NEU	☐	☐	ROLLER	☐	☐
SONNE	☐	☐	KALT	☐	☐

 kann ich gut lösen    kann ich nur zum Teil lösen    kann ich gar nicht lösen

Name: Datum:

Wie ist mein Ergebnis?

6 Welche Wörter gehören zur gleichen Wortfamilie?
Verbinde sie mit einer Linie.

träumen ■

lenken ■   ■ Lenkrad

Gelenk ■   ■ Traum

■
verträumt

7 Setze die Silbenbögen unter die Wörter.

Käse, helfen, Wiese, einkaufen,

Donnerstag, Klettergerüst, wenig

8 Suche passende Wortbausteine zu dem Verb **schreiben**
und ergänze die Sätze.

| ver- | ab | über | be- | hoch | auf | schreiben |

Der Arzt muss das Medikament ▷ _____ .

Jutta will das Wort von der Tafel ▷ _____ .

Max soll einen Text ▷ _____ .

Der Zeuge soll den Dieb ▷ _____ .

Gut gemacht! Jetzt hast du alles geschafft!

☺ kann ich gut lösen   😐 kann ich nur zum Teil lösen   ☹ kann ich gar nicht lösen

Name: Datum:

1   Welcher Oberbegriff passt? Schreibe ihn neben die Wörter.

Tiere   Fahrzeuge   Backwaren   Süßigkeiten   Getränke

das Wasser
die Limonade
der Tee

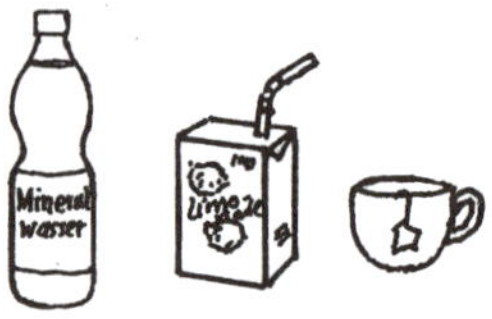

die Giraffe
das Krokodil
die Ente

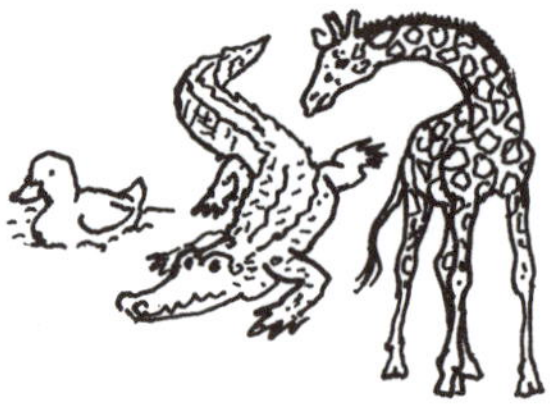

die Kekse
der Kuchen
die Plätzchen

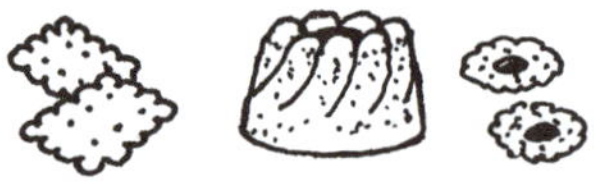

die Bonbons
der Lutscher
die Schokolade

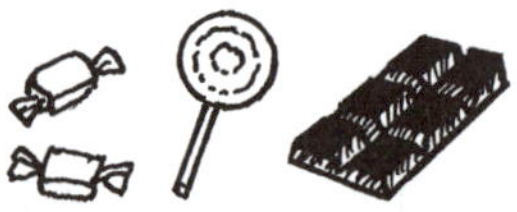

das Auto
das Motorrad
der Bus

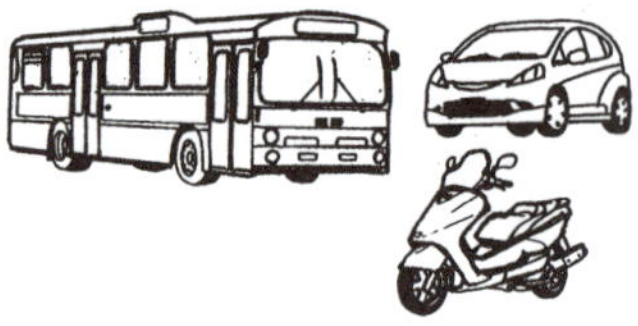

2   Verlängere die Wörter und setze den richtigen Buchstaben ein.

d oder t?

Lie___   Kin___   Hef___   Han___

Lieder

b oder p?

Sie___   Kor___   Die___   Sta___

g oder k?

Ban___   Zu___   Schran___   Kru___

Name: Datum:

Wie ist mein
Ergebnis?

3 Bilde aus jeweils zwei Nomen ein zusammengesetztes Nomen.
Schreibe es mit seinem Artikel auf.

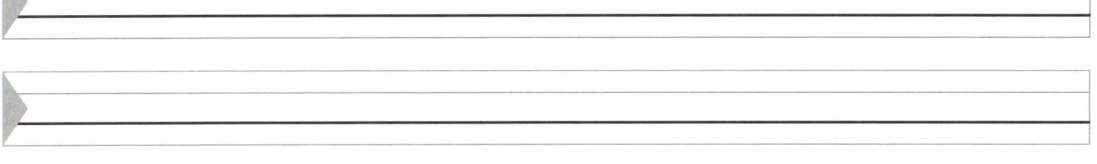

Schlüssel   Glas   Honig   Stroh

Bücher   Loch   Regal   Halm

4 Setze nach jedem Satz das passende Satzschlusszeichen.

Das Essen ist fertig __   Schmeckt es dir __   Es ist sehr lecker __

5 Welches Verb steckt in den unterstrichenen Wörtern?
Schreibe es auf.

Der Fahrradfahrer fährt
mit dem Fahrrad auf der Fahrbahn.

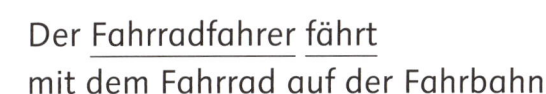

Die Bäckerin bäckt
das Brot im Backofen.

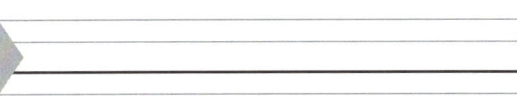

 kann ich gut lösen    kann ich nur zum Teil lösen   😟 kann ich gar nicht lösen

Name: Datum:

6 Unterstreiche alle Adjektive.

lesen	putzen	spannend	sauber	spielen
schlafen	langweilig	müde	freuen	schön

7 Verbinde die gebeugte Form (Personalform)
mit der passenden Grundform.

du sprichst ■   ■ lesen

es klingt ■   ■ rennen

sie liest ■   ■ laufen

er läuft ■   ■ klingen

ich renne ■   ■ sprechen

8 Ergänze die Tabelle.

Verb	Nomen
spielen	*das Spiel*
	die Rede
kochen	
tanzen	
	der Reiter
heizen	

Gut gemacht! Jetzt hast du alles geschafft!

 kann ich gut lösen    kann ich nur zum Teil lösen   ☹ kann ich gar nicht lösen

Auswertungsbogen Lernstandserhebungen Deutsch   Sprache, Klasse 2

Name: _____   Klasse: _____

durchgeführt am _____

Lernstandserhebung 1

Aufgabe	Niveau	Fähigkeiten, Fertigkeiten und Kenntnisse	Lösungen	Beobachtungen und Notizen
1	1	• Kenntnis des Alphabets	I, J, K, L, M, N, O, P, Q, R, S, T, U, V, W, X, Y, Z	
2	1	• Selbstlaute kennen	A, E, I, O, U	
3 bis 5	1, 2	• Wortarten Nomen, Verb, Adjektiv kennen, bestimmen und unterscheiden	3 Nomen: Tasche 4 Verb: hören 5 Adjektiv: schwer	
6	2	• Bedeutungsverwandtschaft von Wörtern erkennen • Wortfelder kennenlernen	stehen schreiben bauen	
7	2	• Möglichkeiten der Wortbildung kennen • Wörter durch Ableiten bilden • Verben zu Konkreta (Nomen) benennen	arbeiten bremsen baggern baden	
8	1	• Wörter erkennen • Wortgrenzen bestimmen	Schnee, Vogel, Buch	
9	2, 3	• Wortbedeutungen kennen und herleiten • Gegensatzpaare bilden	leicht böse, schlecht rechts dunkel leise	
10	1	• Geschlecht des Nomens kennen und Artikel zuordnen	der, das, die die, das, der	
11	2, 3	• Sätze als Sinneinheit erkennen und abgrenzen • Satzzeichen (Punkt) setzen • sinnvolle Sätze bilden • Großschreibung am Satzanfang kennen	Es ist Herbst. Ein kalter Wind fegt über Wiesen und Felder. Anja und Tim lassen ihre Drachen steigen. Sie haben schon Handschuhe an und Mützen auf. Bald fällt der erste Schnee.	

Niveaustufen: 1 = „Reproduzieren" → erfordert grundlegende Fähigkeiten   2 = „Zusammenhänge herstellen" → erfordert erweiterte Fähigkeiten   3 = „Verallgemeinern, reflektieren und beurteilen" → erfordert fortgeschrittene Fähigkeiten

Auswertungsbogen Lernstandserhebungen Deutsch Sprache, Klasse 2

Name: _____ Klasse: _____

durchgeführt am _____

Lernstandserhebung 2

Aufgabe	Niveau	Fähigkeiten, Fertigkeiten und Kenntnisse	Lösungen	Beobachtungen und Notizen
1	1	• Kenntnis des Alphabets • Wörter nach dem Alphabet sortieren	Bär, Hund, Löwe, Nilpferd, Pinguin, Tiger, Zebra	
2	2	• Komposita in Bestandteile zerlegen • Wortgrenzen bestimmen • Möglichkeiten der Wortbildung kennen • Wortbedeutungen analysieren • Großschreibung von Nomen	der Tisch + das Bein der Stuhl + die Lehne die Bücher + das Regal die Bilder + das Buch	
3	2	• Wortart Verb in Grundform und in gebeugter Form (Personalform) erkennen	spielen, bauen, schaufelt, formt, sucht	
4	2, 3	• Möglichkeiten und Unterschiede der Pluralbildung kennen und anwenden • Stammumlautung (a → ä, au → äu) bei Pluralbildung von Nomen	die Täler, die Blumen, die Häuser, die Tische, die Computer	
5	2	• Wortarten Nomen, Verb, Adjektiv kennen, bestimmen und unterscheiden • Groß-/Kleinschreibung herleiten	klein (neu), groß (Sonne), groß (Roller), klein (kalt)	
6	2, 3	• Wortfamilien bestimmen • Stammmorphem bestimmen	lenken – Lenkrad – Gelenk träumen – Traum – verträumt	

Niveaustufen: 1 = „Reproduzieren" → erfordert grundlegende Fähigkeiten   2 = „Zusammenhänge herstellen" → erfordert erweiterte Fähigkeiten   3 = „Verallgemeinern, reflektieren und beurteilen" → erfordert fortgeschrittene Fähigkeiten

Auswertungsbogen Lernstandserhebungen Deutsch Sprache, Klasse 2

Name: _____ Klasse: _____

Lernstandserhebung 2

durchgeführt am _____

Aufgabe	Niveau	Fähigkeiten, Fertigkeiten und Kenntnisse	Lösungen	Beobachtungen und Notizen
7	1	• Wörter strukturieren • Kenntnis des Begriffs Silbe	helfen, Wiese, einkaufen Donnerstag, Klettergerüst, wenig	
8	2, 3	• aus Vorsilben und Verb sinnvolle Verben bilden • erkennen, wie Vorsilben die Wortbedeutung verändern • passende Verben finden	verschreiben abschreiben aufschreiben, abschreiben beschreiben	

Lernstandserhebung 3

durchgeführt am _____

Aufgabe	Niveau	Fähigkeiten, Fertigkeiten und Kenntnisse	Lösungen	Beobachtungen und Notizen
1	2, 3	• Wortfelder bestimmen • Bedeutungsbeziehungen erkennen • Oberbegriffe zuordnen	Getränke, Tiere, Backwaren, Süßigkeiten, Fahrzeuge	
2	2	• Bedeutung der Wörter erkennen • Auslautschreibung durch Verlängern ermitteln • Möglichkeiten und Unterschiede der Pluralbildung kennen und anwenden • Stammumlautung (a → ä, au → äu) bei Pluralbildung von Nomen	Lieder – Lied, Kinder – Kind, Hefte – Heft, Hände – Hard Siebe – Sieb, Körbe – Korb, Diebe – Dieb, Stäbe – Stab Bänke – Bank, Züge – Zug, Schränke – Schrank, Krüge – Krug	

Niveaustufen: **1** = „Reproduzieren" → erfordert grundlegende Fähigkeiten **2** = „Zusammenhänge herstellen" → erfordert erweiterte Fähigkeiten **3** = „Verallgemeinern, reflektieren und beurteilen" → erfordert fortgeschrittene Fähigkeiten

Auswertungsbogen Lernstandserhebungen Deutsch   Sprache, Klasse 2

Name: _____   Klasse: _____

durchgeführt am _____

Lernstandserhebung 3

Aufgabe	Niveau	Fähigkeiten, Fertigkeiten und Kenntnisse	Lösungen	Beobachtungen und Notizen
3	2, 3	• Wortbildungsprozesse kennen • Wortbedeutungen analysieren • Großschreibung von Nomen • bestimmter Artikel	das Schlüsselloch, das Honigglas, das Bücherregal, der Strohhalm	
4	2	• Satzarten kennen • Satzschlusszeichen setzen	Das Essen ist fertig. Schmeckt es dir? Es ist sehr lecker!	
5	2, 3	• Wortfamilien erkennen • Stammmorphem bestimmen	fahren backen	
6	2	• Adjektive erkennen • Adjektive von Verben unterscheiden	spannend, sauber langweilig, müde, schön	
7	1, 2	• Verben in der gebeugten Form (Personalform) erkennen • Grundform von Verben herleiten	du sprichst – sprechen, es klingt – klingen, sie liest – lesen, er läuft – laufen, ich renne – rennen	
8	2	• Möglichkeiten der Wortbildung kennen (Ableitung) • Verben und Geschehen (Nomen) benennen	reden – die Rede kochen – der Koch / die Köchin tanzen – der Tanz / der Tänzer / die Tänzerin reiten – der Reiter heizen – die Heizung	

Niveaustufen: **1** = „Reproduzieren" → erfordert grundlegende Fähigkeiten   **2** = „Zusammenhänge herstellen" → erfordert erweiterte Fähigkeiten   **3** = „Verallgemeinern, reflektieren und beurteilen" → erfordert fortgeschrittene Fähigkeiten